LOS GRANDES ESCRITORES DE PUERTO RICO

JOSE DE DIEGO

CANTOS DE REBELDIA

JOSE DE DIEGO

CANTOS
DE
REBELDIA

PROLOGO ·
DRA. CONCHA MELENDEZ

EDITORIAL CORDILLERA
SAN JUAN, PUERTO RICO
1966

Depósito legal: B. 25.607-1966

EDITORIAL CORDILLERA, APARTADO 170 HATO REY, P. R.

Imprime: M. PAREJA - Montaña, 16 - Barcelona

Printed in Spain

Impreso en España

PROLOGO

TIEMPO DE REBELDIA
(1916)

Nos hemos reunido aquí,* para recordar a José de Diego en su poesía. Todo lo que él fue, está en su poesía y se resuelve en amor. Amor a su Isla, a la belleza de la mujer, al cósmico misterio de los astros, al secreto fluir de los ríos subterráneos, al pájaro que canta y el árbol que habla o llora en los cuentos que asombran a los niños; y, según unas palabras suyas del prólogo de *Pomarrosas,* amor «al soplo invisible y seguro del que todo lo provee en el mundo de las cosas y de las almas.»

De Diego nos dice el secreto de su canto, persistente contra toda adversidad, en el poema *Pájaro verde.* Como el fraile rural de la leyenda, él también escuchó al pájaro divino que tuvo en éxtasis diez años al humilde siervo de Dios. Pero De Diego lo escuchó toda la vida sin haberlo visto. Lo llamó pájaro verde, porque simboliza el canto renovado sin cesar, como el caballo

---

* Fragmento de la conferencia *Tiempos en la poesía de José de Diego,* preparada para el Círculo de Estudiantes Aguadillanos de la Universidad de Puerto Rico.

verde para la poesía que ideó Pablo Neruda. De Diego
cuenta así la maravilla:

> *Desde que en mis ojos brotó el primer llanto*
> *y en mi alma de niño surgió el ideal,*
> *palpita en mi ambiente, me llama a su encanto,*
> *de un ave invisible la onda musical.*
>
> *Pájaro de ensueño, pájaro divino*
> *que escucho a la vera, por todo el camino*
> *fluir con su timbre diamantino el trino...*
>
> *Nunca te mostraste, pero te adivino*
> *¡y sé que a la muerte conduce tu canto inmortal!*

Ese pájaro de ensueño lo acompañó siempre. Su
canto inmortal sigue vivo todavía en muchas páginas
del poeta. Alegre, melancólica o rebelde, la onda mu-
sical perdura. La buscaremos en los cuatro tiempos de
sus libros en una síntesis necesaria dentro del espacio
posible en este programa.

Tiempo de rebeldía (1916). Este es el tiempo de
más fulguración en la vida de De Diego. Sus discursos
defendiendo la enseñanza en español en Puerto Rico,
su viaje a Santo Domingo y Cuba para fundar allí la
Unión Antillana; su proyectado viaje de propaganda po-
lítica a España e Hispanoamérica, le atrajeron la admi-
ración y los entusiasmos especialmente de la juventud.
Su gestión y persona se volvieron motivo poético en
poetas como Antonio Mirabal en Puerto Rico, Ricar-

do Pérez Alfonseca en Santo Domingo, Agustín Acosta en Cuba. En *Cantos de rebeldía* están los poemas inspirados por los temas de su propaganda: latinismo, españolismo y como centro irradiador de estos sentimientos, la independencia de Puerto Rico. Las poesías de este libro están explicadas por su teoría sobre la creación poética que aparece en el prólogo:

La producción y la contemplación de la belleza en sí mismas constituyen un bien y la poesía cumple siempre un propósito estético. Mas la poesía, como toda obra humana, debe acudir preferentemente al bien necesario, sentido y clamoroso en cada momento y en cada lugar del mundo.

«El bien necesario» para él fue la independencia de Puerto Rico y los poemas de *Cantos de rebeldía* tienen por eje ese central motivo. Incluyó en este momento, además, entresacándolos de *Pomarrosas* algunas poesías como *Pabellones* que por su espíritu y tono convienen mejor en este libro. Los otros matices son hispanoamericanismo, imperialismo en *Himno a América*; religiosidad en *Sagrada corriente*; panamericanismo en su alto sentido en *Mundo bilingüe*. En el hermoso poema *Madres aguas*, la apertura del Canal de Panamá se ve como esperanza de libertad para las Antillas:

Cruzarán entre dos mundos al fundirse dos corrientes,
dos corrientes milagrosas al pasar por sus raudales
los reflejos de los astros, los piróscafos rugientes,
las humanas ambiciones, los divinos ideales.

....

¡Venid pronto, madres aguas, que el primer fulgor pro-
                                                    [lífico
de los cielos, acogisteis resonantes en un cántico!
¡Madres aguas redentoras de las Islas del Pacífico!
¡Madres aguas redentoras de las Islas del Atlántico!

El tema de los Estados Unidos se expresa también en varios poemas. De Diego habla siempre de unos Estados Unidos forjados en la aspiración a la justicia para todos los pueblos. Vio su representación más pura en las doctrinas de Woodrow Wilson. Al otro costado está el águila negra con que simboliza el imperialismo. Esta águila negra estorba el vuelo de las águilas blancas del primitivo ideal de los Estados Unidos. El águila oscura es blanco de su indignación y su ironía en estos *Cantos*. Indignación en *Aleluyas, Ultima cuerda, La epopeya del cordero*. Ironía en *Isla, Himno* y *Tejas*.

Si De Diego rechazó los temas del modernismo, aprovechó con maestría sus formas métricas. Artísticamente ese es el mérito más ponderable del libro. Toda la métrica del modernismo hasta las combinaciones más difíciles de Jaimes Freyre se utilizan con sentido eficaz de adecuación. Estudió la técnica de esas formas en *La arquitectura del verso* del uruguayo Pérez y Curis, que me regaló a mí, estudiante de escuela superior entonces, bellamente encuadernado en rojo. A las formas tradicionales nunca desechadas suma todas las aportaciones modernistas, siendo uno de los más felices cultivadores del soneto irregular que ha tenido Hispanoamérica.

CONCHA MELÉNDEZ

CANTOS DE REBELDIA

A mi hermano don Santiago Saenz, que con amor y rigor de padre me enseñó a trabajar y combatir.

CANTOS DE REBELDIA

El Director literario de la casa editora de mis libros de versos me expresó sus deseos de insertar en cada uno de aquéllos el retrato mío perteneciente a la época en que las composiciones del respectivo tomo fueron escritas. Teniendo los retratos, se los di, porque me pareció que se buscaba, no una exhibición personal, sino una exposición fisiopsicológica de las ocultas afinidades entre el curso de los años y el curso del pensamiento, en las misteriosas correspondencias por las cuales tal vez una arruga del rostro contiene un abismo de dolor, una corriente de vida, una onda de alma.

Algunas de las tristezas más antiguas de «Pomarrosas» son contemporáneas de las más ingenuas alegrías de «Jovillos» y esto ya no puede medirse ni compararse por la mutación de la faz, que en los inquietos giradores días de la adolescencia tenemos siempre dos caras en una cabeza «cual la de Jano, que siendo una, mira a Oriente y a Occidente», según la estrofa de Rubén Darío, contemplando una los fulgores del alba y otra las agonías del véspero.

Mas por seguro que ya no era el mismo a los quince

2. C. R.

que a los treinta años el autor de «Jovillos» que el de «Pomarrosas» y que, con ser muy grandes, no lo eran tanto las diferencias fisiognómicas como las espirituales entre el autor de «Jovillos» y el de «Cantos de Rebeldía».

En el desarrollo de la vida humana, asiste a la primera juventud un vasto espíritu, rarificado, ligero, de amplia y difusa luz, que se reduce y concentra y gana en intensidad lo que pierde en extensión, como en fijeza lo que pierde en campo visual, según el tiempo fortalece y densifica la carne, hasta que el agotamiento orgánico vuelve a enrarecer y aflojar el espíritu, no ya con las palpitaciones de un fulgor progresivo, sino con el vago ondular de una creciente sombra.

En determinados temperamentos, la concentración espiritual es tan absorbedora y exclusiva que se revela en un solo anhelo dominador. El caso de Gustavo Adolfo Bécquer, en su obra poética única y esencialmente erótica, como el de ciertos pintores que sólo pintan santos o rosas y el de ciertos músicos que sólo componen salves o danzas, se multiplica en el comercio, en la industria, en las artes más humildes, en todas las especies de labor anímica o mecánica. Ello no se explica por las reglas de la división del trabajo no siempre artificiosas, sino por la intensificación de las energías y tendencias mentales.

Inicia e impulsa este proceso una fuerza espontánea, ayudada también en numerosos individuos por el poder de una voluntad consciente de la aptitud, objeto y decoro de la propia vida.

De mí puedo decir que me he sentido naturalmente llevado a la unidad afectiva y expresiva de mi arte, como se desenvuelve en estos Cantos, herido a veces por una súbita desviación del pensamiento. Al concertar las primeras estrofas de «Alma Nocturna», recostado sobre el tronco de un cocotero, en el rellano de un monte esclarecido por la luna, sólo me propuse decir del misterio, el silencio, la soledad de una alta noche campesina, cuando de pronto se me viró el deseo en una bárbara meditación de muerte.

Mas al mismo tiempo la orientación única y fija de mis últimos versos, ya principiada en muchos de «Pomarrosas» fue en gran parte regida por el libre conocimiento y la tensa voluntad encaminados al ideal que imanta y alumbra la visión de mis ojos y la determinación de mi existencia.

Nacido en un país infausto, siervo, en peligro de muerte, debo a la conservación de su vida y a la defensa de su libertad la sangre que es de su tierra y el alma que es de su cielo: si tengo una lira, como si tuviera una espada o un martillo o un arado, lo que tengo suyo es, de mi patria es y debo cantar como blandiría el acero, golpearía el yunque, abriría el surco, por ella y para ella que es mía y de quién soy en cuerpo y alma.

La poesía no es cosa de futil adorno y vano recreo: ninguna ciencia, ninguna arte podrán desligarse de la universal cooperación al bien humano, como nada en el orden físico puede ausentarse del trabajo universal de la naturaleza. La producción y la contemplación de la belleza en sí mismas constituyen un bien y la poesía cumple

19

siempre un propósito estético; mas la poesía, como toda obra humana, debe acudir preferentemente al bien necesario, sentido y clamoroso en cada momento y en cada lugar del mundo.

Señalados pueblos en señaladas épocas y señalados hombres en señalados pueblos ostentan y personifican la conciencia de la humanidad, como Francia el 93 y los enciclopedistas en Francia; pero, en la evolución normal de los hechos y de las ideas, cada pueblo siente una necesidad característica, requiere un bien especial, fundamental, para cuyo alcance es obligatoria la contribución de todos los elementos componentes de su alma colectiva.

Infinito el progreso, ningún país en ningún instante puede tener por logradas sus aspiraciones; pero, aquellos que han realizado los fines principales de su destino, la independencia, la libertad, el orden, el bienestar común, pueden distraer sus energías en las sutiles artes de la contemplación y el éxtasis emotivos de la belleza o irradiar las fuerzas de su espíritu más allá de la existencia nacional, por la universidad del Orbe.

Francia, después de tantos siglos de cuidado y lucha por el propio bien, soberana, libre, rica, victoriosa, espandía por el Globo el desbordamiento de su potencia y desde principios de la centuria diecinueve alentó una generación de poetas que buscaban y cantaban los paisajes lejanos, los ideales pretéritos, el amor de las hermosuras muertas o jamás conocidas, los subjetivismos recónditos. Los parnasianos, simbolistas, decadentistas y los poetas y escritores comprendidos en tantas recientes nomenclaturas (siempre creí que todas ellas sólo envuelven modalidades o aspectos evolutivos de la escuela romántica), exploraron desde las cumbres de su Patria la redondez del Mundo y la eternidad del Espíritu, en un arte raro, exótico, ambiguo, que volaba de las cúpulas de una pagoda a una torre medioeval y de los oblícuos ojos de una princesa del Japón a las doradas pupilas, ya tierra, agua, o aire o luz, de una dama del Directorio: así era, mas cuando una conmoción terrible desgarró el cuerpo y el alma de la Nación francesa, en el desastre de 1870, una literatura nacional, reivindicadora, agresiva, acudió al corazón adolorido del pueblo para prepararlo, como se está viendo, a la guarda y defensa del territorio patrio.

El influjo que, desde la emancipación de las colonias españolas, ha ejercido Francia en la cultura de las Repúblicas ibero-americanas, extendió al centro y al sur de nuestro Continente las novedades de fondo y formas que Verlaine, Mallarmé y los otros heraldos del modernismo desplegaban como banderas sonantes y multicolores en el triunfo de la nueva lírica.

El grande y glorioso nicaragüense, fue el primer y más paladín de este movimiento en la poesía castellana: alrededor de él, una brillantísima cohorte de poetas de genio, en España y América, ensanchó el ambiente del arte clásico, penetró en el translúcido seno del idioma, de las palabras, de las sílabas, de las letras, del timbre, del acento, de la modulación fonética, cuando otros fríos y falsos imitadores de los maravillosos maestros rompían torpes la sonoridad y majestad de la onda rítmica en locos bailes de inútil viento.

Enriquecíanse como nunca el tesoro del lenguaje y el dinamismo de la lírica, al par de una visión más aguda y detallada de la naturaleza y del mundo psíquico; pero, en lo que a nuestra América concierne, parecía que la espléndida evolución iba a pervertirse en una fiebre de grosera lujuria y en atávicos gestos de feudal señorío. Se glorificaba al amor con las crudas voces de un tratado de patología sexual, y, si el poeta buscaba para exaltar un tipo de pasados tiempos, encontraba siempre a un Caballero feudal cualquiera en ejercicio del derecho de pernada...

El más grave daño de esta literatura en América fue que apartó de la tierra, del ambiente, de los sentimientos e ideales patrios la inspiración y el afán de los poetas nacidos en aquellos dolorosos países, tan necesitados del concurso de sus filósofos, de sus artistas, de sus hombres de Estado, de todas sus fuerzas morales y orgánicas, en las tremendas crisis de su crecimiento nacional. La Grecia antigua, el Japón moderno, dioses paganos, emperatrices, hetairas, geishas y obispos endiablados y marquesitas galantes y todo lo «muy siglo diez y ocho», fueron cantados por poetas que tenían en sus nativos lares las bellezas más grandes de la Creación y los empeños más altos de la lucha por el triunfo de la libertad y por la subsistencia y el predominio de nuestra raza oprimida y escarnecida en las tristes patrias del hemisferio americano.

Darío, que se elevó desde una pequeña República como el poeta del Universo, podía hacerlo así y extender las alas de su genio por los horizontes mundiales; pero lo hizo mejor y en su magnificente obra nada hay más grandioso que la salutación a las «ínclitas razas ubérrimas» ni más dulce y tierno que el idilio al «buey que vi en mi niñez echando vaho un día —bajo el nicaragüense sol de encendidos oros»...

Dichosamente pasó como una áurea nube aquella convencional literatura y hoy la América hispana puede mostrar con orgullo «sus» poetas, los insignes poetas de su paisaje, de su historia, de su libertad, de su vida, de su raza y de la futura hegemonía de los pueblos de su raza en las cumbres del Planeta.

Puerto Rico sufrió también la racha de aquella vanal literatura y goza también ahora del renacimiento de su poesía: viejos y jóvenes líricos marchan a la cabeza del movimiento nacional, como iban los antiguos bardos anglosajones a la vanguardia de los ejércitos: el perfume de nuestros bosques, el fulgor de nuestro cielo y nuestras llanuras, el rugir de nuestros tormentosos desgraciados mares, el cántico melancólico de nuestros jíbaros, nuestro dolor, nuestra esperanza, se desprenden de las liras en ráfagas de vibrante espíritu...

Entre esos poetas, yo, el último, lanzo mis «Cantos de Rebeldía», mis gritos de protesta y de combate contra el tirano de mi patria a los vientos y al corazón del mundo...

Barcelona, septiembre de 1916.

ULTIMA CUERDA

Yo traje del fondo del mundo una lira curvada,
una lira curvada en un arco de flecha,
brillante, flexible, como hecha
de una hoja acerada
que puso en la lira su atávico instinto,
porque es del acero de la misma espada
que mi padre llevaba en el cinto.

Tuvo en su vario registro la nota apolínea
del himno sonoro,
que elevó a la belleza femínea
el cántico trémulo y fúlgido de una cuerda de oro;

el rígido timbre del duro diamante,
la cuerda fulmínea
del súbito apóstrofe potente y tonante;

el trino de un ave saltando en la línea
de una cuerda de plata radiosa,

que cantó la inocencia virgínea
de una fuente, un lucero, una rosa.

El son de campana,
el zumbo profundo del rum-rum de una cuerda broncínea,
que lloró con el viejo Profeta
la maldad humana,
¡anteviendo al Arcangel doliente de la honda corneta
en el último trágico día sin luz ni mañana!

Una cuerda de oscuro zafiro
en que azules memorias dormían su noche secreta,
y una cuerda de claro rubí, que el suspiro
daba al cielo en el lánguido giro
de las esperanzas y las ilusiones que perdió el poeta...

Y en el largo clamor penetrante de túrgida octava,
en el grito que rompe los vientos, como una saeta,
la cuerda más brava...
¡La cuerda que tiene alaridos de clarín guerrero,
hecha de una tripa del santo Cordero
que gime en la roca de mi Patria esclava!

Siete cuerdas que, a los golpes de mi mano,
percutían a la vez en el acero,
con murmullos de Océano:
en cadencias multiformes
exhalaban el sollozo del abismo,
los estrépitos enormes
de un oculto cataclismo

26

y el misterio de unas alas, de una onda, de un poema,
porque a veces, en el fondo de su música polífona,
el rugir de un anatema
terminaba en el susurro de una antífona.

Así fue... Mas hoy contemplo, como en brusca
[epifonema,
que los ecos de mi lira, como pájaros sin nido,
se extinguieron en el aire enrarecido
del ambiente de tormento que nos quema...
¡Cada cuerda emitió ya su última nota
seca y rota
de estallido!...
Y una sólo vibra y trema,
y su nota es un balido...
¡¡Un balido del Cordero de mi Patria, en la suprema
rebeldía de su pecho desgarrado y dolorido!!

Esa cuerda está en mi mano,
y la pulso y la conservo,
y estará en mi ronca lira hasta la muerte,
como el bien más soberano,
que pudiera la fortuna dar al siervo...
¡Una cuerda larga y fuerte!
¡¡Una cuerda larga y fuerte para el cuello del tirano!!

HISPANICAS

DIES IRÆ

*Ante el desastre de la Escuadra
Española en Manila.*

Ya ¿quién las glorias del pasado aprecia,
cuando ha podido, en vergonzoso día,
con planta innoble profanar Turquía
los sagrados montículos de Grecia?...

¿De qué sirve el valor? Cándida y necia
es la nación que en su heroismo fía...
¡Se hunde España en los golfos de Oceanía
y flota inmune la armadura recia!

Ya está vencido César invencible,
rota su espada. Ante el supremo duelo,
alzan las tumbas sus augustos manes...

¡Un grito de dolor suena terrible
y cruzan, indignadas, por el cielo,
las almas de los grandes Capitanes!

31

RENACIMIENTO

Ante el esfuerzo de los filipinos.

¡Tal vez de aquellas noches tan oscuras,
de aquellos días de tremenda saña,
vendrá el renacimiento, que acompaña
a todas las inmensas desventuras!

En el fondo de aquellas sepulturas
el pueblo tiene su materna entraña...
¡Siempre que se hunde el pabellón de España,
surge otro nuevo entre las ondas puras!

Dios preside la historia, y en la historia
España tiene la misión sublime
de educar a los pueblos en la gloria.

Los descubre, los cría, los oprime
¡y los lleva después a la victoria,
donde ella, cual Jesús, muere y redime!

A ESPAÑA

I

A través del Atlántico desierto,
veo tu imagen, que la niebla esfuma,
rígida hundirse entre la blanca espuma,
Cristo yacente en el sepulcro abierto.

¿Has muerto? —Sí. —Como Jesús has muerto,
para surgir con la potencia suma...
¡Bajo la sombra, que a tu cuerpo abruma,
tu espíritu inmortal brilla despierto!

¿Quién celebra en América tu muerte?
¿Quién maldice el altar de tu memoria?
¿Cuál de tus hijos te injurió con saña?

¡Ah, miserable ciego, que no advierte,
como un río de luz sobre la historia,
la mirada de Dios guiando a España!

II

Guíate al bien, al porvenir dichoso,
con la enseñanza del dolor: tu llanto
es un nuevo bautismo, tu quebranto
es redención y tu quietud reposo.

¡Término al sacrificio generoso,
la cruz es una escala al cielo santo,
y el último gemido empieza el canto
de la ascensión, el renacer glorioso!

¡Oh, madre de naciones! Llega el día
de tu imperio feliz: de tu alma oriundos,
cien pueblos glorifican tu destino...

¡Y, centro de la luz y la armonía,
gira hacia ti, como hacia el Sol los mundos,
el Universo de tu Sol latino!

MUNDO BILINGÜE

I

«¡TIERRA!»

En el pecho clamoroso del profundo bombardino
hay acentos modulados de la lengua castellana
y en la flauta y en la lira vibratoria y en el trino
y en el bronce palpitante de la cóncava campana.

Y el idioma en que Teresa adoró al Verbo Divino,
en que oyeron los espacios las estrofas de Quintana;
la mirífica palabra que a los cielos dio el Marino,
anunciando el nacimiento de la tierra americana...

Esta lengua que los Siglos y la Musa de la Historia,
resonante en epopeyas, han cantado y han escrito,
con eternas armonías, en la cumbre de la gloria...

Morir puede sobre el suelo de la madre raza ibérica,
pero no en el Nuevo Mundo, porque encierra el primer
[grito...
¡El primer grandioso grito de la aparición de América!

II

«Liberty!»

En el rígido registro del clarín altisonante
hay acentos modulados de la lengua de los Lores
y en el parche y en el arpa y en el címbalo vibrante
y en las épicas trompetas y los órganos cantores.

Y el idioma en que Gertrudis adoró al Divino
[Amante,
en que Byron melancólico lloró en Grecia sus dolores;
la mirífica palabra con que Washington gigante
llamó al pueblo americano a sus triunfos redentores...

Esta lengua que en los tiempos repercute soberana,
santa y pura en sus leyendas, como el bíblico sanscrito,
guardadora de Evangelios de emancipación humana...

Morir puede sobre el suelo de la anglia raza genérica,
pero no en el Nuevo Mundo, porque encierra el primer
[grito...
¡El primer grandioso grito de la libertad de América!

PABELLONES [1]

I

Viejo estandarte de la tierra mía,
noble bandera de tendidas llamas,
en cuyo centro luminoso indemnes
los feudales castillos se levantan;
tú que, en gloriosas luchas, estampaste
sobre tu escudo las sangrientas barras,
y has estrechado al mundo entre los brazos
de la divina Cruz puesta en Granada;
tú tienes el león fiero y magnífico,
que oprimió al orbe en sus potentes zarpas...
. . . .

¡León de hierro, que abatiste al mundo,
tú eres la ambición, tú eres la raza!

II

Nuevo estandarte de la tierra mía,
bandera de las noches estrelladas,

37

firmamento de América, en que surge,
como en el cielo azul, la luz dorada;
tú, que en la frente del Leopardo hundiste
por vez primera vencedora el asta,
y has consagrado en inmortales líneas
la eterna ley de la razón humana;
tú tienes, en la cumbre de los Andes,
independiente y poderosa, el Aguila…

.   .   .   .

    ¡Aguila de oro, que alumbraste al mundo,
tú eres la libertad, tú la esperanza!

III

    Perdón nativo de la tierra mía,
pobre bandera que a la luz te alzas,
sobre una roca, en medio de los mares,
como un ala tendida y solitaria;
por el martirio que sufriste, roja,
por la dulzura que conservas, blanca…
¿Qué tienes tú, bandera de los tristes,
tendida en el abismo, como un ala?
Tú tienes el Cordero, que te sube
al libre espacio, donde vuela tu alma…

.   .   .   .

    ¡Cordero santo, que salvaste al mundo,
tú eres la redención, tú eres la patria!

ESCUDOS

¡ALLA VA LA NAVE! [2]

Ante el nuevo Escudo de Puerto Rico.

Un sol de oro detrás de la cumbre
del montículo enhiesto en las olas,
y el reflejo de pálida lumbre
en las aguas tranquilas y solas.

Trece franjas de plata y de gules,
como chorros de sangre y de plata...
¡y, volando en los cielos azules,
una nave que el viento arrebata!

Caduceo con alas broncíneas,
como un pájaro inmóvil y mudo...
¡y, cerrando el escudo sus líneas,
el bajel que se va del escudo!

¿Dónde están, Patria mía, la enseña
que hizo Cristo en tu escudo primero,
el Cordero postrado en la peña
y la Cruz que abrazaba el Cordero!

¡En el mar o en el cielo!... ¡Quién sabe!...
Nueva insignia te trajo el destino;
pero, de ella ha zarpado la nave,
¡y esa nave conoce el camino!

Flota arriba, a la altura de un sueño,
y va en pos de otra luz que destella,
¡a buscarle a su pueblo riqueño
un pendón, un escudo, una estrella!

AGNUS DEI [3]

*Devolviendo a Puerto Rico
su antiguo escudo restaurado.*

Aquí tienes ¡oh, Patria! lo que no se pierde,
porque está por el cielo con tu nombre estampado
          en tu insignia primera:
          «un escudo verde
e dentro del un Cordero plateado,
encima de un libro colorado,
e atravesada una bandera...»

          Aquí está el Cordero
«e a la redonda un letrero,
de la siguiente manera:
«Joannes est nomen ejus»... ¡Juan divino,
          el Bautista que vino
con su Cordero a guardarlo invencible del Aguila fiera!

Ya no posa en la peña su figura blanca
¿quién ahora del Libro sagrado lo arranca?

Y no fue mi palabra sortílega
lo que pudo salvar al Cordero de la garra sacrílega;
fue una mano de flor,
una mano de amor,
una mano de amor que en el mismo nidal de la fiera
¡sacó de sus garras con un resplandor
el escudo verde
y el cordero vivo bajo su bandera!

Aquí tienes ¡oh Patria! lo que no se pierde...

BANDERA ANTILLANA

BANDERA ANTILLANA *

La santa bandera de Santo Domingo
tiene una cruz,
una cruz blanca, que parte en cuarteles
la enseña divina de rojo y azul,
y graba en los vientos el «hoc signo vincis»
que vio Constantino en el cielo con letras de luz...

El triángulo de la santa bandera de Cuba
es la herida de lanza que Cristo en la cruz recibió,
la herida es la estrella, el triángulo
la sangre en fulgor,
las listas azules son caminos de gloria
y las blancas caminos de paz y de sol.

La santa bandera de Borinquen tiene
el ojo de Dios,
en el triángulo eterno, que mira
y enciende y azula el espacio de una creación...
y sus listas rojas son caminos de ardientes anhelos
y las blancas caminos de llanto y dolor...

De un daltonismo el misterio simbólico
          subvierte el color
y en la lejanía Cuba y Puerto Rico
tienen una sola bandera en las dos...
¡La unidad perpetua del Dios de la vida!
¡La unidad fecunda del Dios del amor!

Y estas dos banderas, que son una sola,
          surgieron de otra a la vez,
del lábaro santo de Santo Domingo
partido y entero en la santa Unidad del Tres...
¡Trina y una Bandera de Dios y de Patria!
¡Trina y una Bandera Antillana de Amor y de Fe!

PROFECIAS [5]

Al Dr. Andrés Orsini.

Amaba las repúblicas pequeñas,
con el amor de la ciudad nativa,
Rousseau inmortal, el hijo de las ondas
del lago azul y de las selvas líricas
que bajan de los Alpes, donde triunfa
cumbre de libertad, la breve Suiza.

La intensa luz de sus pupilas de águila
tendió el vate filósofo a la orilla
del Mar Tirrene, en cuyo fondo gime
la eterna gloria de la edad antigua,
y, contemplando a Córcega en silencio,
dejó esta hermosa profecía escrita:
—«Tengo el presentimiento de que al mundo
ha de asombrar esta pequeña Isla».

...Dos lustros no cumplidos, nació en Córcega
el nuevo Marte de la Francia olímpica;
el águila imperial que voló a Italia,
cruzó a Europa del Norte al Mediodía,
cantó de Grecia en los sagrados montes,
subió de Rusia hasta las cumbres rígidas
y cayó en Santa Helena, desde el cielo,
ante la tierra absorta, de rodillas...

Yo también, como el sabio de Ginebra,
siento una voz providencial divina,
Patria mía infeliz... ¡Oh, dulce Patria,
cuna y sepulcro de la raza india,
paraíso perdido entre las olas,
ideal apagado entre las brisas!
¡tú has de salir de tu profundo sueño,
para asombrar al Universo un día!

Allá en el horizonte de los mares,
la verde luz de la esperanza brilla,
a través de los tiempos infinitos
en el curso triunfante de la vida...

¡Dios redentor, en los espacios libres,
tiene una estrella para cada isla!

LA EPOPEYA DEL CORDERO [6]

...En la penumbra
indecisa y lejana del otero,
súbitamente al águila columbra
absorta en devorar tierno cordero...

«La epopeya del cóndor»
Aurelio Martínez Mutis.

Mas no fue en la penumbra del otero...
en una Isla alumbrada
por el sol tropical, gime el cordero,
con una cruz al cielo levantada...

Y un león extenuado, viejo y fiero,
que le guardaba, en desigual combate
trágicamente sucumbió primero.

Al poderoso embate
de sus alas de acero,
sobre un ciclón el águila descuella:
írguese rápido el león guerrero,
mira al cenit: el águila del Norte

mira al abismo: y al fulgente corte
de sus miradas vibra una centella,
cual de dos meteoros
al chocar en los ámbitos sonoros.

Súbito el ave se inclinó en la altura:
silba una sombra en el rasgado ambiente
y una gran masa oscura
cae en el lomo del león rugiente,
que salta enloquecido por la ira.
La enorme fauce de estupenda hondura
en torno al cuello ensangrentado gira
y alcanza un ala, que en sus dientes cruje
como a un bote de lanza una armadura.

Brinca el león, con la cabeza vuelta,
y en vano acrece el prodigioso empuje:
no contiene la herida sus raudales,
la garra no le suelta,
ni descansan del pico los puñales.
Corre hacia el mar, en su último heroismo,
como al sepulcro de los dos rivales,
pero, al tocar las ondas, se desprende
y el amplio vuelo tiende
¡el águila entre cánticos triunfales!...

Ruge al cielo el león, desde el abismo...
cércale el sol de rubias aureolas,
de círculos el agua y de rumores...
¡Y un instante, en grandioso simbolismo,

quedan sobre las cumbres de las olas
sangre, espumas, melenas y fulgores
y un rosal de banderas españolas!

Volvió de los eternos resplandores
el ave constelada
de astros y azul, en explosión de albores,
y en la isla, atormentada
por la tragedia del León ibero,
místico y solitario halló al Cordero
con una Cruz al cielo levantada...

¡Con una cruz, que invita a una cruzada!
¡Con una cruz, que es el dolor fecundo,
a una tiempo cruz y espada,
conquista, escarnio y salvación de un mundo!

Aquí está el Aguila de Jove y ora,
junto al Cordero de San Juan posada,
no con el rudo pico le devora,
ni con la garra sin piedad le hiere;
pero el Cordero de San Juan ¡se muere,
al contacto del ala enervadora
que le abrasa y consume,
no el blando cuerpo que a la cruz se inclina,
sino aquella sutil, como el perfume
de un pebetero antiguo, alma latina!

¡El alma que resume,
como en su cáliz una flor el santo

prístino aroma del primer helecho
que germinó en la tierra, como el pecho
de una paloma el primitivo canto
que escuchó el bosque sorprendido, aquella
de veinte siglos transcendente vida,
que de lo alto del Gólgota destella,
como un fulgor, de una sangrante herida!

Espíritu de raza,
que a través de los tiempos infinitos
comunica y enlaza
a mil generaciones en sus ritos,
fe, historia, amor y pensamiento iguales,
los mismos ideales,
las mismas ansias y los mismos gritos
de triunfos y derrotas inmortales...

¡Tus gritos orquestales,
oh sinfónica lengua castellana,
que tienes en tus nítidas vocales
el estruendo, el murmullo,
el rugido, el arrullo,
y una clara cadencia de campana,
por donde vuela en ondas musicales
todo el registro de la voz humana!

En uno de esos gritos, tú, Poeta,
hierático en la sombra del misterio,
evocas el conjuro del Profeta,
para anunciar la ruina del Imperio
del Aguila vencida

por el Cóndor del Sur, cuando la vida
del Cordero infeliz sacrificaba...

Si el caudal de tu voz sapiente y brava
descendiera del Ande por las cumbres
  a los pueblos hermanos
y, en cien ríos de ideas y armonías,
hasta las tormentosas muchedumbres
y hasta los tormentosos Océanos,
para llenar de luces y alegrías
   las regiones sombrías
de donde salen monstruos y tiranos...
¡Así no más, oh soñador, verías
   brotar de sus arcanos
   las nuevas profecías,
las nuevas albas de los nuevos días
surgentes de los términos lejanos!

No que haya de cumplirse el vaticinio
con que presagia tu indignado astro
del Aguila rapaz el exterminio
   por el Cóndor siniestro;
sino que, del radioso predominio
   del magno Continente,
juntos y alegres cruzarán la esfera,
para imponer al mundo en su carrera
el astro de la gloria de Occidente,
¡y el mundo así en perpetuos arreboles
   gozará eternamente
el contrapuesto giro refulgente
de la gloria y la luz, entre dos soles!

¡Cuándo? ¡No mientras las gigantes moles
de América contemplen en la sima
del Mar Caribe a la Isla sin ventura,
donde rebelde gima
el Cordero que el Aguila tortura!
¡No en tanto caiga de San Juan la enseña
lívida y triste, de la Cruz al suelo,
como un sudario, en la cautiva peña,
donde llora su duelo
la Patria borinqueña,
que el Aguila sacrílega domeña,
en una usurpación a tierra y cielo!

¡No podrá el Cóndor levantar su vuelo,
ni el Aguila su canto, en la remota
visión del porvenir, si el Cóndor tiene
nuestra bandera, como un ala rota,
sobre la Cruz clavada,
y en el pico del Aguila sostiene
el Cordero su Cruz atravesada!

ANTE LA HISTORIA [7]

I

Lanzó el cacique belicoso grito,
al avanzar de la española quilla,
pero dobló indefenso la rodilla
ante la Cruz del Redentor bendito.

Y en las propias murallas de granito
que alzó a su ilustre pabellón Castilla,
hoy la bandera americana brilla,
como un fragmento azul del Infinito.

¿Bajó el cielo a la tierra borinqueña?
¡Ay, la gloriosa insignia iluminada
entre sombríos ámbitos domeña!

Y, como el indio ante la cruz sagrada,
se inclina el pueblo, ante la noble enseña
puesta, como la cruz, sobre la espada...

II

El Hijo Dios, en el sepulcro inerte,
marcó a los hombres su infeliz destino
y siempre llega, desde el Ser divino
la redención en símbolos de muerte.

Mas, por influjo de la misma suerte,
al término angustioso del camino,
de la honda tumba al cielo cristalino
surge el dolor, que en triunfo se convierte.

Tú, Patria, no: vivificante lumbre
te envuelve con magníficos fulgores,
a la entrada del nicho funerario...

Vas al Gólgota, esperas en la cumbre;
ni mueres, ni resurges... ¡tus dolores
te llevan de un Calvario a otro Calvario!

III

¿Qué más? De un pueblo poderoso y justo
llegó a tu suelo el pabellón triunfante,
en que la libertad marcha radiante,
como la hostia bajo el palio augusto.

Y aun, en las sombras del poder vetusto,
miras la nueva redención delante

¡y vives por su luz, agonizante,
en el lecho de hierro de Procusto!

Contempla, desde el fondo de la umbría,
el humo azul de tus ficciones bellas
en la fugaz constelación que ardía...

¡Sigue en la oscuridad sus vagas huellas!
¡Para ti, desgraciada tierra mía,
se apagan en los mares las estrellas!

IV

Se apagan las estrellas en los mares
y, en medio de la sombra que te encierra,
buscan tus hijos en lejana tierra
otra luz, otra patria, otros altares.

Al son de los clarines militares,
entraban los valientes de la guerra
y la mísera grey, que se destierra,
los recibió con palmas y cantares.

Por aquel sitio fue que los caudillos,
del navío rugiente al duro estruendo,
llegaron con fusiles y cuchillos...

¡Por allí mismo, y en opuesto bando,
entraron los exóticos riendo
y salen los nativos sollozando!

V

Con ellos vino el arma vencedora,
la fuerza, la conquista, el vasallaje...
El derecho no salta al abordaje,
la ley se asusta de la mar traidora...

Aquella gran Constitución, aurora
de un siglo, cual de un mundo, es un celaje;
brilla en su cielo, flota en su paisaje,
pero encerrada en su paisaje llora...

¡Llora!... Sobre sus tablas ofendidas,
el Aguila se eleva soberana
con el rayo en las garras encendidas...

¡Llora, porque es la libertad humana!
¡Llora por las colonias oprimidas,
si es libertad y si es americana!

VI

¡Oh, Libertad de América! Tú tienes
la bandera y el libro de los mundos;
tus dogmas son, como del cielo oriundos,
vivo y perpetuo manantial de bienes.

Tú que, cual Dios, propagas y mantienes
el cosmos en los círculos profundos;

tú, que llevas los gérmenes fecundos,
vendrás al pueblo que en tu fe sostienes.

Vendrás al pueblo que en tu amor se forma,
circundada de aquellos resplandores
que dejan una estrella en cada rastro...

Si se perdiera tu divina norma,
Washington y Bolívar creadores
descenderían a formar el astro.

VII

¡Resurge, Patria! Si el dolor te oprime,
es que el fuego de Dios te constituye;
porque del choque y del combate fluye,
como de Dios, la creación sublime.

¡Ay, cuando un pueblo en la impotencia gime
y en fratricida guerra se destruye,
ni vence como Júpiter, ni huye
como Astrea inmortal, ni se redime!

¡Otro es el triunfo y otra la pelea!
¡Resurge, Madre, ante la luz preclara,
y une a tus hijos en la santa idea!

Te enardece el amor: la fe te ampara...
Si hay que llegar al sacrificio... ¡sea!
¡¡y de rodillas todos en el ara!!

¡DIOS GUARDE AL IDEAL! [8]

I

Después de cuatro siglos,
se alzó, por vez primera,
al cielo de la Patria,
su nombre en su bandera...

¡Dios guarde al ideal!

* * *

En la honda lejanía
¿oís una armonía?...
¡El himno angelical,
que entonan en el éter flotando todavía
las almas de los niños que nacerán el día,
en que la Patria madre les dé ciudadanía
en su feliz natal!

¡Dios guarde al ideal!

II

El grito: —¡Independencia!—
sonó en el Infinito...
¡que lo recoja el cielo!
¡que no se pierda el grito!

¡Dios guarde al ideal!

* * *

Viniendo de la umbría
¿oís una elegía?...
¡El himno funeral,
que entonan esperando, sobre la tumba fría,
las almas de los niños que nacerán el día,
en que la Patria lleve su alta soberanía
del cielo hasta el umbral!

¡Dios guarde al ideal!

III

Paloma de los mares,
tan débil y pequeña,
¿qué puede contra el Aguila,
que se albergó en su peña?...

¡Dios guarde al ideal!

* * *

En la honda lejanía
    ¿oís una armonía?...
¡El cántico triunfal,
que en pie sobre las cumbres, de que el leopardo huía,
lanzó a la historia el pueblo, que en su virtud confía,
cuando se irguió en los Andes, contra la tiranía,
    el Aguila caudal!

¡Dios guarde al ideal!

IV

Sonó la voz clamante,
que el porvenir decide...
¡que el viento la difunda!
¡que el mundo no la olvide!

¡Dios guarde al ideal!

* * *

Viniendo de la umbría
¿oís una elegía?...
¡El cántico infernal,
que llena los espacios, cual tempestad bravía;
el choque de las armas, la ronca artillería,
los pueblos agitados en bélica porfía...
el reto de un rival!

¡Dios guarde al ideal!

V

Después de cuatro siglos
se alzó, por vez primera,
al cielo de la Patria,
su nombre en su bandera...

¡Dios guarde al ideal!

* * *

En la honda lejanía,
    viniendo de la umbría,
¿oís una armonía?
    ¿oís una elegía?
El himno angelical...
    El himno funeral...
El cántico triunfal...
    El cántico infernal...
¡Las almas de los niños flotando todavía,
las almas de los muertos, sobre la tumba fría!...

¡Dios guarde al ideal!

...El Aguila pujante sobre la tiranía,
los pueblos agitados en bélica porfía,
        que con anhelo igual,
del fondo de los tiempos acudirán el día
en que la Patria eleve, radiante de alegría,
        su insignia nacional!

        ¡Dios guarde al ideal!

SAGRADA CORRIENTE

El cañón más grande alcanza trece millas...
disparadlo vertical hacia la altura,
y en el fondo del espacio sin orillas
brillará la Eternidad indemne y pura.

Allí está la única fuerza que dirige
de los mundos y los pueblos el camino...
¡El que impera sobre todos! ¡El que rige
los misterios de la Vida y el Destino!

¡No hay más fuerza que la suya! Cuanto hiere
con el soplo de su aliento, se anonada...
Si algo existe, o si no existe, es porque El quiere...
¡Si El lo quiere, nada es todo y todo es nada!

¡Qué impotentes las escuadras del Tirano,
con su estruendo de tronante artillería!
La Invencible salió un día al Océano
y no ha vuelto La Invencible todavía...

¡Qué sacrílegos aprestos militares!
En la tríplice coraza de sus barcos
el poder de los guerreros de los mares
es menor que el de las ranas de los charcos.

En el cielo un proyectil es una brizna
y un suspiro evocar puede una tormenta:
el rocío celestial de una llovizna
mata a un héroe y a una flor del campo alienta...

Sin el agua, sin el rayo, sin el viento,
fluye eterna de las cumbres de lo Ignoto
la corriente de un divino pensamiento
creadora de un divino terremoto.

No traspone las montañas y los ríos,
ni en las olas baña el pico de la sierra...
¡sólo agita los lugares más sombríos
del Espíritu del Mal sobre la tierra!

Gira lenta en los azules hemisferios
y, al impulso que atraviesa las Edades,
se levantan y se hunden los Imperios
y germinan las futuras sociedades.

¡Ay del pueblo que a los débiles oprime!
¡Ay del monstruo que a los débiles devora!
con la sangre y con el llanto del que gime
más retumba la corriente vencedora...

Más retumba en nuestra América, do el Istmo
tiembla y sangra degollado sobre el cieno...
¡Y las islas, corazones del abismo,
angustiosamente lloran en su seno!

Ya se acercan los prolíficos raudales
que fecundan, rebullentes en lo arcano,
nuevas patrias florecidas de ideales,
a la luz del nuevo sol americano.

El cañón resuene trágico y rotundo,
contra el aire de sus pobres trece millas...
¡La corriente de los cielos cruza el mundo
y resuena ya su estrépito profundo
en el alma de mi tierra, bajo el Mar de las Antillas!

MADRES AGUAS

Et Spiritus Dei super aquas ferebatur.

De la cuna en que la Vida su primer fulgor prolífico
irradió sobre las olas resonantes en un cántico,
ya las madres aguas vienen por la cumbre del Pacífico,
ya las madres aguas vienen por la cumbre del Atlántico.

Son las mismas que asistieron a la génesis del Mundo,
las que al Ser santificaron con la gracia del bautismo,
sosteniendo, como a un cisne, al Espíritu fecundo
que flotaba luminoso en las sombras del abismo...

Ellas saben del Planeta los recónditos misterios,
ellas saben los dolores y los crímenes que encierra
¡y mantienen su amargura, por los anchos hemisferios,
con el llanto y con la sangre de las razas de la tierra!

Otra vez quizás venían a impulsar el nacimiento
de las Islas de Occidente, en las prístinas edades.

y aún conservan sus murmullos los fragores del portento,
ya como ecos apagados de remotas tempestades.

Quizás fue que ellas lucharon por unirse sobre el
[Istmo,
en el caos tenebroso de las noches milenarias...
¡y ora gimen los desastres del horrendo cataclismo
en las patrias sin ventura de las Islas solitarias!

¡Ora vienen sollozantes a las Islas desprendidas
de los senos de la tierra, cual fragmentos de astros rotos!
¡Ora vienen sollozantes a las patrias oprimidas
por las viejas tiranías y los viejos terremotos!

Cruzarán entre dos mundos al fundirse dos corrientes,
dos corrientes milagrosas, al pasar en sus raudales
los reflejos de los astros, los piróscafos rugientes,
las humanas ambiciones, los divinos ideales.

En los tiempos y en las ondas el Espíritu germina;
de los tiempos creadores y las ondas fecundadas
surgirán, bajo los rayos de la bóveda azulina,
nuevas patrias venturosas en las Islas libertadas.

¡Venid, pronto, madres aguas, que el primer fulgor
[prolífico
de los cielos acogisteis, resonantes en un cántico!
¡Madres aguas redentoras de las Islas del Pacífico!
¡Madres aguas redentoras de las Islas del Atlántico!

OCTAVAS DE CORNETA

A José Santos Chocano, durante su estancia en Puerto Rico.

¿Esta es la hora de tañer amores,
al suspirar de flautas y violines,
o la hora del tronar de los tambores
y el rígido rugir de los clarines?
Sed como los heraldos, trovadores,
que llamen a los fuertes paladines...
¡Y al denso ritmo de la heroica octava,
vibre el clangor de la corneta brava!

Aquí la tienes para ti, Poeta;
infúndele una racha de bochorno,
al espirar de tu pulmón de atleta,
y vientos y almas penetrando en torno
el sonante metal de la corneta,
hijo de los abismos y del horno,
difundirá en las almas y en los vientos
¡sombras y resplandores y lamentos!

Cruza por nuestros bosques en el carro,
en las andas del Inca poderoso
que murió sin gemir: canta el desgarro
del magnífico Imperio luminoso:
los manes de Atahualpa y de Pizarro
rompan de los sepulcros el reposo...
¡Y resurjan con Ponce y Agüeybana
el dolor indio y la fiereza hispana!

Hay caminos valientes en la sierra
que se agarran al Yunque, la tribuna
que te ofrece la cumbre de mi tierra,
donde te puede coronar la luna.
Convoca allí a los genios de la guerra,
diles de nuestra estrella la infortuna
¡y vuelen tus estrofas militares
por cien montañas y por cuatro mares!

Convoca a los poetas en la cumbre,
para que sientan el horror que inspira
la visión de la Patria en servidumbre,
y ardan al fuego de la santa ira
que hace saltar de las espadas lumbre
y cánticos de muerte de la lira,
¡y sea un combatiente cada bardo
y cada cuerda de la lira un dardo!

Embracen en la lucha nuestro escudo
y asombre al aire su clamor colérico,
cuando Dios haga del Cordero mudo
un cachorrillo del León ibérico.

Si un falso dios de los Olimpos pudo
blandir sus armas en el canto homérico,
Nuestro Señor nos dio su Cruz sagrada
¡y una cruz con un filo es una espada!

El combate no es muerte, cuando advierte
una vida inmortal, y no es suicida
quién la inmortalidad busca en la muerte...
¡si hay que morir, muramos por la vida!
¡muramos por la Patria y por la suerte
de la raza en nosotros perseguida!
El sol es un sepulcro peregrino...
¡Nuestro sepulcro será el Sol latino!

Tu nombre es santidad, tu nombre es choque:
tu nombre es choque y santidad, poeta:
esgrime nuestra cruz como un estoque:
haz de nuestro dolor una corneta:
un clarín penetrante que convoque
a todos los dolores del planeta
¡y mientras gima nuestra Patria esclava
vibre el clangor de tu corneta brava!

ALELUYAS

A los caballeros del Norte.

Caballeros del Norte mirífico y fecundo,
también el centro es parte de la bola del mundo.

Por una loca audacia de la extensión esférica,
estas pobres Antillas son un poco de América.

En el principio, cuando el agua florecía,
Dios las alzó del fondo con un fulgor del día.

Y, después de los siglos, viniendo del Oriente,
los indios habitaron Islas y Continente.

Y, pasando otros siglos, triunfantes en las olas,
llegaron a estas Islas las naos españolas.

Naves maravillosas, carabelas divinas,
aunque con el defecto magno de ser latinas.

Pues, cuando aparecieron las naves puritanas,
resultaron las tristes carabelas, enanas.

Sobre todo aquel día, en que la gente ibérica
se hundió con sus cruceros en los mares de América.

El día en que llegásteis, con espléndido porte,
los ultrapoderosos Caballeros del Norte.

Perdonad, Caballeros, al cielo y a la tierra,
que hayan hecho a estas Islas, mucho antes de la guerra…

Perdonad que estuviéramos tantos hombres nacidos,
sin que en ello mediaran los Estados Unidos.

Nacidos en América, sin que mediárais vos,
por un atrevimiento de la bondad de Dios.

No somos los más fuertes, ni los dominadores,
pero somos los hijos de los Descubridores.

Vástagos infelices de aquel tronco sin jugo,
que floreció en las almas de Séneca y de Hugo.

Sabemos los misterios de la Filosofía
y del Arte en que reina la santa Poesía.

Pero nada sabemos, en el país del Sol,
del Arte del Gobierno, como en Tamany Hall.

Ni sabemos del salto mortal de las doctrinas,
que puso a Californa al pie de Filipinas.

Perdonad, Caballeros, si estamos inconscientes
de vuestras concepciones del Derecho de gentes.

Ignoramos aquellas sublimes concepciones,
que os dieron la simbólica Isla de los Ladrones.

Ignoramos, en estos históricos reveses,
la lengua y el sentido de los pueblos ingleses.

Hablamos otra lengua, con otro pensamiento,
en la onda del espíritu y en la onda del viento.

Y os estamos diciendo hace tiempo en las dos,
que os vayáis con el diablo y nos dejéis con Dios.

ALMA NOCTURNA

*Para el noble campesino Norberto Iri-
zarry.*

Abre la palma sus verdes banderas
y en el ambiente de paz de la altura,
como una araña de fúlgido oro,
sube a través del ramaje la luna.

Bajo el dosel de la noche florida,
Sirio en la sombra palpita y relumbra
y de un rosal de capullos de estrellas
vuela temblando una luz que perfuma.

Desde la cumbre más alta, en los ámbitos
la serranía se espacia y azula:
saltan los bosques, de abismo en abismo,
rígidas crestas, cañadas profundas.

Pasan cantando una brisa en el cielo
y el borborigmo de un río en la hondura...

un mozambique aletea en la palma,
cuando en la palma un cocuyo se alumbra.

Hay una cosa que sale de noche...
hay un aliento de alma en la bruma...
hay una cosa invisible en el aire
que está pensando un misterio que oculta...

Y yo la escucho pensar dulcemente
y ella pensar dulcemente me escucha...

Esta es la hora secreta y amada
en que las vidas sin vida se buscan,
esta es la hora en que el alma del mundo
entre los seres sin alma circula.

Se alzan del río fantasmas de niebla,
sombras y luces el viento entrecruzan,
en sus confines los montes lejanos,
como unas largas teorías, ondulan...

Nadie la paz de la selva profana,
nadie el silencio del campo perturba
y hay un sollozo de alivio en la noche,
como el de un pecho al romper su tortura.

¡Ahora la tierra que piso es mi tierra!
¡Ahora esta palma es mi palma que triunfa!
¡Ahora mi Patria está libre, en el sueño
de los que infaman su honor y su angustia!

Y yo la escucho pensar dulcemente
y ella pensar dulcemente me escucha...
«¡Si los tiranos, que duermen ahora,
no despertasen mañana ni nunca!»

MAGNIS VOCIBUS

A los pueblos latinos.

Trágicamente bella, en pie sobre una roca,
de un rictus doloroso contraída la boca,
tiende hacia el mar los brazos, trémula y delirante,
y al mundo de su raza en su clamor invoca
¡una pobre Isla inerme, una pobre Isla loca,
bajo las férreas garras de un Aguila rampante!

¿Dónde están en el mundo nuestras madres latinas?
¿Dónde están en América nuestras fuertes hermanas,
que no escuchan los gritos que a las ondas marinas
confiaron las tristes riberas borincanas?
¡Los gritos de socorro de angustias sobrehumanas
que llevan en sus senos las ondas cristalinas!

¿Dónde estás, vieja Loba que, en la cuna del Lacio,
criabas a tus pechos infantes de naciones,
como infantes de mundos el sol en el espacio?
¿Dónde están, que no vienen, tus Césares caudillos,
tus lanzas invencibles, tus ínclitas legiones,
tus fauces tenebrosas, tus épicos colmillos?

Cuando en la decadencia de estos días infaustos,
juzgaban tus rivales ya tus pechos exhaustos,
su linfa inextinguible la humanidad absorbe...
¡el rayo de tu genio en el éter se crispa
y espande por los ámbitos la milagrosa chispa
que une a los pueblos, desde las cúpulas del Orbe!

Y si ahora no puedes ¡oh, dulce madre Italia!,
como un día en auxilio de Iberia y de la Galia,
mandar a nuestros campos tu hueste en son de guerra...
¡el rayo de tu alma proyecta al Infinito
y alumbra sobre el cielo nuestro expirante grito
para que se oiga en todos los radios de la tierra!

Conviértelo tú, Musa, en estrofas airadas,
evocando los manes del cantor de LUSIADAS
sobre la nave intrépida, que por sus alboradas
cruzó pristina el Globo ¡y así el Bardo guerrero
desde su prora cante, frente a su derrotero,
la tragedia del Aguila que sorprendió al Cordero!

Y tú, rebelde Francia, que por una centuria
gemiste en servidumbre, bajo la horrenda furia
de la sajona garra que a nuestro pueblo oprime,
y con la débil mano de una niña sublime
ahuyentaste a la fiera... ¡Duélete de la injuria
de un pueblo de tu raza que por tu raza gime!

Tú, que ayudaste al Aguila contra el Leopardo regio,
con iluminaciones de espadas y doctrinas,

ante ella erguirte puedes augusta, como Palas,
para rememorarle con alto privilegio
¡que no triunfó en América de las garras felinas,
sino para que abriese la Libertad sus alas!

Santa madre Castilla, de místicos pendones,
santa madre Castilla, de pendones morados,
que encendieron a España sus rojos pabellones,
las brillantes banderas de fulgores dorados,
florecidas de rosas de tumbas de soldados,
florecidas de luces de orientes de naciones.

Una gota de sangre de tu León herido,
una gota de sangre quedó en nuestra bandera,
la última que te llama, la última que has perdido
en el mundo sagrado que tu fe descubriera...
¡y esa gota de sangre será un astro encendido,
o la ceniza ardiente de un pueblo en una hoguera!

Quebrantados tus miembros del esfuerzo glorioso,
no volverán a América por vengar el ultraje;
pero más nos defienden tu espíritu en reposo,
tu ideal en la altura, tu ritmo en el lenguaje,
y la hermandad de pueblos que, en tributo amoroso,
América te rinde con filial homenaje.

Las jóvenes Repúblicas, aquellas desdichadas
que viven en la zona sujeta a las zarpadas
de la terrible Bestia, en su fiero transporte...
¡las pobres perseguidas! ¡las pobres mutiladas!

¡y aquellas más felices cuanto más alejadas,
cuanto más alejadas de la Bestia del Norte!

Si hubiera un artificio de máquina diabólica
para hacer de una Isla un gigante navío,
o el propulsor oculto de una corriente eólica
que desatara a un tiempo todos los huracanes...
¡se iría por las olas el territorio mío,
del Septentrión huyendo, con rumbo a Magallanes!

¡El Sur! ¡El Sur Olímpico del genio americano!
¡allí brota la fuente que en sus raudales lleva
al porvenir la onda del pensamiento humano!
¡allí la antigua raza se funde y se renueva
y entre la excelsa bóveda y el inmenso Océano
la Cruz del Sur, cual signo de redención, se eleva!

¡Ya se mueven las sombras! ¡Ya en los cielos australes
colúmbrase del magno Libertador el sueño!
¡ya en tres núcleos enérgicos la creación germina!
¡tríptico de simbólicas banderas siderales!
¡Constelación naciente del Mundo brasileño
y la Estrella de Chile y el Sol de la Argentina!

¡A nosotros, hermanos! ¡Venid, cual Precursores
a la Isla desgraciada que sufre los rigores
y pugna por librarse de sus dominadores!
¡venid desde las cumbres, envueltos en fulgores,
al punto del abismo que ahoga los clamores
del pueblo abandonado que os dice sus dolores!

¡Venid a nuestros gritos y ruja vuestro cántico,
como las clamorosas tormentas del Atlántico,
ante el último mártir de la progenie ibérica!
¡Venid a nuestros gritos, oh Naciones hispánicas,
y, como a Prometeo las Ninfas Oceánicas,
dad vuestra ayuda al último Prometeo de América!

El Aguila de Júpiter nuestra entraña devora,
pero la misma entraña renace a cada hora;
el dolor no nos vence, ni nuestra fe declina...
¡sabemos la potencia de nuestra alma divina
y sabemos que existe la mano redentora
del Hércules invicto de la raza latina!

HIMNO A AMERICA[9]

Ante Woodrow Wilson.

Cuando el Planeta se abre en pedazos
y se derrumban montes y sierras
    a cañonazos;
cuando entre cielos, mares y tierras
Satán agita sobre los pueblos enloquecidos sus rojos
   vos, en la cumbre del Globo, indemne   [brazos;
de nuestra América bajo la egida,
   alzáis el magno verbo solemne
que repercute por los confines como una ráfaga de amor
                    [y vida.

Por el divino genio que expande,
como de un núcleo cósmico en génesis, la raza ibérica
   fue para el cielo dos veces grande
y para el Mundo que en duple esfuerzo se completaba
           [con nuestra América.

La obra del Padre fue revelada
en la esotérica
región esférica
por los filósofos entrevista, por los poetas adivinada:
la obra del Hijo fue terminada
y de su sangre resplandeciente
brotó la fuente
pura y sagrada
en los imperios desconocidos del sol poniente.

Pero faltaban las ígneas lenguas del Verbo Santo,
cuando el espíritu de vuestra raza lanzó su canto:
el canto fúlgido de los proscritos sobre los mares
llenos de llanto,
como un idilio en los primeros nuevos hogares,
como una antífona de campanas
en los primeros nuevos altares,
en las primeras nuevas mañanas...
¡y epopeya de rugidos militares
al volar desde los bosques seculares
las trece Aguilas cruzadas de banderas estelares
soberanas!

De las Aguilas radiosas a los gritos triunfadores,
que de truenos y fulgores
encendían y llenaban el azur,
respondieron los Cóndores:
respondieron los Cóndores victoriosos de la América del
[Sur,
que cruzaron desde el Avila a la extrema cumbre andina

y bañáronse en el prístino arrebol
del gran Sol,
del gran Sol de la Argentina,
que se funde y perpetúa rebotante de su ocaso al español.

Y los colores y las esferas
fueron llegando del Infinito
entre las alas de las banderas,
como si un rito
de hondo misterio
Dios celebrara por las Naciones
ya redimidas y les mandase sus bendiciones
consagradoras de las banderas con que alumbraba nuestro
[Hemisferio.

Abandonadas sobre las olas,
nuestras Antillas quedaron solas,
fuera del círculo de la luz...
¡Pero aun flotaba una insignia en lo alto,
para Quisqueya pujante que, en épico salto,
al déspota hunde y en mitad de la gloria recibe la Cruz!

Esa Cruz tiende un brazo de Hércules a la angustia
[cubana,
esa Cruz tiende un brazo de angel a la fe borincana,
es de Ojeda, Velázquez y Ponce en tierras y mar,
de Caonabo, de Hatuey, de Agüeybana...
¡India, española, cristiana!
¡Sirve lo mismo para una trinchera que para un altar!

¡Cruz redentora dominicana!
¡Cruz encendida sobre el Baluarte!
¡Cruz del acero que esgrimió Duarte!
　　　　　¡Cruz Antillana!
Borinquen sola la gracia espera
del brazo angélico que forma parte
　　　　　de tu bandera,
　　y si no puedes aquí elevarte
por la plegaria, por el derecho ni por el arte,
　　ni en la victoria de una trinchera...
　　　　　¡ven a posarte
sobre las tumbas en que mi Patria luchando muera!

¡Tú eras el «signum» de la parábola de Isaías!
　　　　　¡el estandarte
con que al Planeta, como el Zodiaco, ciñes y abrazas!
　　¡Por ti cantaron las profecías!
¡Por ti vinieron a nuestra América convocados pueblos y
　　　　　　　　　　　　　　　　　[razas!

　　Parada en medio de los abismos,
　　en pie sobre ondas de sangre y llanto,
　　no maldecías de horror y espanto
　　¡santificaste de amor y gracia los heroísmos
de las Naciones que desgarraban su propio seno fuerte
　　　　　　　　　　　　　　　　[y fecundo
y así alumbraron por sus heridas al Nuevo Espíritu del
　　　　　　　　　　　　　　　[Nuevo Mundo!

Súbito rompe la génesis en los cataclismos,
surge la Vida estallante de una convulsión...
¡América tiene en sus trágicas luchas los mismos
estruendos y saltos gloriosos de la Creación!

No así el Estigio junto a sus bordes,
en que se encienden las locas guerras,
llama tus brazos misericordes
para los cielos, mares y tierras,
en que el Espíritu del Mal agita sus rojos brazos
y se derrumban montes y sierras
a cañonazos...
Mas tu Evangelio de libertades guardas perenne,
unges a un hombre de nuestra América bajo la egida
y se alza el amplio verbo solemne
que repercute por los confines como una ráfaga de amor
[y vida.

Con siete vueltas cercando a Europa ruge el Estigio,
y el magno verbo que en el fastigio
del Capitolio recoge el austro, difunde el bóreas,
envuelve ¡oh Prócer! vuestro prestigio
y va cantando de polo a polo con el prodigio
del resonante vuelo invisible de vuestras Aguilas
[incorpóreas.

De vuestras Aguilas... Una de ellas,
que tuvo el vértigo de la altura,
precipitada de las estrellas
cayó en la sombra, perdió su espíritu, tornóse oscura.

Aguila negra de alma de cuervo,
        rapaz y torva,
        de pico acerbo,
        de garra corva,
en cada pueblo libre de América tendría un siervo
y así el destino y el rumbo estorba
de las potentes águilas líricas de vuestro verbo...

«Si las circunstancias nos han obligado alguna vez a
ocupar territorios que de otro modo nunca hubiésemos
intentado adquirir, yo sé que digo la verdad declarando
misión nuestra solamente administrar esos territorios, no
para nuestro uso exclusivo, sino para el de los pueblos
que los habitan y, al echar esta carga sobre nuestras con-
ciencias, jamás pensamos que esos pueblos son nuestros,
para nuestro beneficio, sino que nos consideramos como
guardianes de los cuantiosos intereses de aquellos a quie-
nes pertenecen en realidad; guardianes, sí, prestos a de-
volver el cargo de confianza, cuando el propósito fuere
posible y hacedero.»

«De nuestra ambición tiene conocimiento todo el
mundo. No es solamente ser libres y prósperos nosotros
mismos, sino también ser amigos y partidarios solícitos
de aquellos que son libres o desean la libertad en todo
el Planeta. Si hemos realizado agresivos propósitos y
mezquinas ambiciones, han sido el fruto de nuestra irre-
flexión como nacionalidad joven y los hemos apartado.
Creo absolutamente que nunca volveremos a tomar un
pie de territorio por conquista. En ninguna circunstancia

volveremos a hacer que un pueblo independiente esté sujeto a nuestro dominio: porque nosotros creemos, creemos fervorosamente, en el derecho de cada pueblo a escoger su propia soberanía, libres todos de dominadores. Para nosotros mismos, sólo deseamos la libertad en nuestro propio desenvolvimiento: y en esta gran cuestión nuestra asociamos a los pueblos de nuestro Hemisferio.»

«Los Estados de América no son rivales hostiles, sino amigos que cooperan juntos, y el progresivo concepto de la comunidad de sus intereses, lo mismo en cuestiones políticas que económicas, puede darles una nueva significación como factores en asuntos internacionales y en la historia política del Mundo. Esto es panamericanismo. No tiene un espíritu imperialista. Es la encarnación, la encarnación efectiva del espíritu de la ley, la independencia, la libertad y el mutuo servicio.»

Palabras dulces y armoniosas,
como las brisas que pasan ledas entre los cálices de las
[rosas...
¿encierran un arrepentimiento
o solo tienen, como las brisas, risas de viento?

Las mocedades son generosas
y nunca alientan las mocedades
      culpas odiosas
      de mezquindades
y de violencias tan alevosas,
como las patas de un elefante pisando cuerpos de
[mariposas.

Méjico siente dos veces el furor de la zanca
de la Bestia maligna que aturde los cielos del Norte
        y el puñal y el corte
del pico feroz que a pedazos los miembros le arranca.
      El Aguila negra sabía
que Méjico tiene en la cumbre un Aguila blanca,
    mas en lucha con una serpiente bravía,
     privada en su anhelo de fuerza y acción,
porque si suelta del pico y las garras a la Tiranía
    la sierpe mortal se le enrosca sobre el corazón.

Prendidas las uñas tajantes de la zarpa inmensa
    al cuello infeliz de Colombia indefensa,
convierten la obra del genio en degollación...
¡de sangre, de cieno y de oro se llena el abismo
    y al tenderse el canal milagroso en el Istmo
encréspanse y lanzan los mares coléricos una maldición!

    El cieno y el oro con que ahora se fragua
        el frío veneno
que astuta la Bestia maligna brindó a Nicaragua...
        ¡el oro y el cieno
    que no enturbiarán el fulgor carmesí
    de la sangre del héroe moreno
que alumbra una franja de la noble bandera de Haití!

Y con las doce nítidas Aguilas de intensa albura
que se atrevieron contra el magnífico León hispano,
inerme entonces por la impotencia de su bravura
      entre las olas del Océano,

la negra Aguila imperialista,
de los combates ya el fin cercano,
fue a la conquista
y con sus alas nubló una punta de aquel lucero,
que era el espíritu genetlíaco del invencible pueblo
[cubano.

Y ¡oh, mi Cordero!
¡santo Cordero de la parábola del Bautista!
¡santo Cordero que acompañaste al León de España
hasta el postrero
día terrible de la hecatombe de la campaña,
por débil eras la única víctima propiciatoria
¡y fue tu entraña
el desgarrado, único, rojo girón sangriento de la victoria!

Hay un poeta, Cordero, a tus plantas, que tiene una lira
y esa lira suspira
tu cándido amor:
si tu dolor una vez la desata y estira...
¡el monstruo verá cual relumbra en los aires de ira
una espada que ha sido una lira de amor y dolor!

Desde la roca puertorriqueña,
el ave fúnebre se irgue en acecho
hacia el Estrecho
de que se adueña;
como puñales, de hirientes plumas
eriza el pecho,

abre sus alas, como tormentas, entre las brumas,
y en lentos círculos se desliza sobre una rama
de la gigante Céiba orgullosa de las espumas
que las primeras naves dejaron en el Ozama.

Profanar osa con sus miradas el venerando
emplazamiento de las Iglesias y los Castillos,
donde cantaba sus versos puros Leonor de Ovando
y confundíanse las odas místicas con las arengas de los
[caudillos;
los viejos arcos y torreones
en que el fantasma de un centinela circula errante
y la Basílica que entre leones
custodia la urna de los despojos bajo el espíritu del
[Almirante;
todos los ámbitos de Quisqueya
llenos de tumbas y de blasones,
en que hasta el polvo de los rincones
guarda semillas, eternamente germinadoras, de la
[epopeya.

Epopeya que en collados y montañas y llanuras,
si el acecho del Vestigio en asalto se convierte,
volará por los hogares, llamará en las sepulturas,
al clamor de la trompeta larga y fuerte,
como el ángel de las rojas vestiduras
sobre el antro apocalíptico de la vida y de la muerte.

Cruzarán por el espacio unas tropas encubiertas,
sonará en alguna nube el tronar de un arcabuz...

¡y las muchedumbres vivas, alentadas por las muertas,
clavarán al monstruo horrendo, con las dos alas abiertas,
del pendón de la República y en los brazos de la Cruz!

Así, Maestro, cuando el destino
de vuestras Aguilas inmortales,
aquellas mismas Aguilas fúlgidas que soltó Washington
[en el camino
de sus banderas y de las cúspides siderales,
cuando su augusta misión no estorbe
la Aguila negra de los ejércitos medievales,
irán llevando por todo el Orbe,
sin una sola protesta herida,
de vuestro verbo los augurales
himnos triunfales
repercutientes en los confines como una ráfaga de amor
[y vida.

Así, vos mismo, que habéis logrado, sobre la meta,
la visión lúcida de los designios providenciales
en las Naciones del Nuevo Mundo... ¡Sed el Profeta!
Bajad al Aguila usurpadora de sus breñales
y, ante los pueblos americanos,
¡lanzadla ahogada por vuestras manos
a la honda sima de los espíritus infernales!

En el pináculo del mundo entonces,
radiará América sus ideales,
no cual la efigie de duras piedras y fríos bronces
sobre la roca chata y minúscula de una bahía,

97

sino viviente, con el aliento omnipoderoso
que en el espacio diera el Coloso
de las ocultas profundidades del núcleo eterno de la
[Energía.

Y, en el concierto de sus Naciones,
dichosa y libre se elevaría,
templo de todas las religiones,
fuente de toda sabiduría,
amor de todos los corazones,
hogar abierto para el proscrito,
¡faro bendito,
guiando el cruce por el Planeta de las futuras generaciones
y el del Planeta por los misterios iluminados del Infinito!

ARBOR DAY

¡Plantad el germen, niños puertorriqueños!
En el valle profundo y en la alta sierra,
de sus nobles entrañas la madre tierra
hará surgir el árbol de los ensueños.

No busquéis el aroma, bravos pequeños,
ni apetezcáis las mieles que el fruto encierra...
¡la raíz que en la Patria se hunde y aferra!
¡los rígidos! ¡los duros! ¡los fuertes leños!

Erigid, como en triunfo, por todas partes,
el laurel, que es el signo de la pujanza,
el árbol de las ciencias y de las artes.

Y abrid el palio verde de la esperanza,
la palma real que agita sus estandartes...
¡único árbol que tiene bandera y lanza!

JULIO

El César contigo rigió el Calendario:
y abriste las alas en pos del Planeta,
la cumbre escalaste del gran Sagitario
y en lo hondo del tiempo vibró tu saeta.

Pasó oscurecida por un milenario,
brilló entre las llamas del Sol en su meta,
y al fondo del mundo y en su alma secreta
cayó con la chispa del fuego embrionario...

La chispa radiante del foco iracundo,
que alienta a los pueblos en lucha bravía
y crea las patrias del cielo y del mundo...

¡Oh caos y génesis! ¡Oh, chispa esotérica!
¡Oh, Julio glorioso de la rebeldía,
funda o destruye a mi Patria, por la honra de
[América!

SOL ETERNO

*A los marinos argentinos, de tránsito
en Puerto Rico.*

Tenían una cueva los indios quisqueyanos,
tan profunda que iba del Globo a las entrañas,
y sus rudos criptógramas de leyendas extrañas,
dicen que el Sol glorioso nació de sus arcanos.

¿No era el Sol de las Indias, el Sol de las Españas,
que llevaron delante los Tercios castellanos?
¡Tú, el mismo que, en los fúlgidos cielos americanos,
la argentina bandera de resplandores bañas!

No te ocultaste nunca, que al venir al Ocaso,
volviste cielo arriba, subiendo de Occidente,
con el fulgor prolífico que tu núcleo destella:

Otros mundos se alumbran a tu radiante paso...
¡y, al cruzar por el trópico, dejas aquí inmanente
la chispa creadora de nuestra amada Estrella!

UBIQUE MENS

Donde quiera que mires ¡oh Poeta! al azar,
de la vida recoge la figura más bella,
en el río una onda, en el cielo una estrella,
una rosa en el campo y una perla en el mar.

Donde quiera que escuches, ¡oh, mi hermano insular!
la armonía sorprende que del Cosmos destella,
un aliento del aire y un crujir de centella
y del agua un sollozo y del bosque un cantar.

Mira en todas las cumbres la visión que descuella,
oye en todos los ámbitos el ritmo dominar:
reciban en la altura la maldad tu querella,

el bien tu apología, tu plegaria el altar:
pero, en todos los sitios, oye y mírala a ella...
¡oye y mira y sostén a la Patria, que nos quieren quitar!

«POLITICAL STATUS»

Un Aguila cerníase, de los espacios dueña,
con el pico de acero y de oro el corazón,
el rayo entre las garras y en el pecho la enseña
del símbolo magnánimo de una constelación.

Fascina desde lejos con su iluminación
y nubla con sus alas la zona que domeña;
evita a sus iguales, pero la lid empeña,
si alcanza por las nubes a un mísero gorrión.

Así, al ver al Cordero de la Isla borinqueña,
desciende a devorarlo, como una exhalación...
más, quédase en suspenso el Aguila norteña...

¡Rompen las bravas olas en súbita erupción
y saltan del abismo, que circunda a la peña,
la Loba latina y el Gallo de Francia y el ibero León!

SÀETAS

EN LA BRECHA

A un perseguido.

¡Ah, desgraciado si el dolor te abate,
si el cansancio tus miembros entumece!
Haz como el árbol seco: reverdece:
y como el germen enterrado: late.

Resurge, alienta, grita, anda, combate,
vibra, ondula, retruena, resplandece...
Haz como el río con la lluvia: ¡crece!
y como el mar contra la roca: ¡bate!

De la tormena al iracundo empuje,
no has de balar, como el cordero triste,
sino rugir, como la fiera ruge.

¡Levántate! ¡revuélvete! ¡resiste!
Haz como el toro acorralado: ¡muge!
O como el toro que no muge: ¡¡embiste!!

LA BANDERA CUBANA

A Cuba libre.

Tu insignia es el reflejo de tu historia
de dolor y de luz, tienes en ella
los dorados fulgores de la Estrella,
los azules caminos de la gloria.

Pero tienes también, como en memoria
de la terrible lucha, como huella
indeleble, la sangre que destella,
¡el dolor inextinto en la victoria!

En el rojo triángulo esplendente,
com un lirio del cielo, ¡soberana
arde la Estrella que besó tu frente!

Arde la Estrella de la fe cubana...
¡ay, como toda redención! ¡surgente
de la onda tibia de la sangre humana!

LUZBEL

A Luis Muñoz Rivera.

El pueblo inerme que sumiso calla,
lanza, al fin, su protesta poderosa,
como la oscura nube silenciosa,
llena de estruendo y luz, se abre y estalla.

Surge el blanco adalid: rompe la valla:
sus plantas de ángel en el suelo posa,
y es rayo la palabra victoriosa
que ilumina su campo de batalla.

¡Así el genio inmortal se transfigura
y, de la patria en el amado infierno,
canta en lenguas de fuego sus dolores!

¡Rebeldía sublime de la altura!...
¡Luzbel hermoso, impenitente, eterno,
cercado, como Dios, de resplandores!

¡VÆ VICTIS!

A Lola R. de Tió.

Huye de aquí la ingenua poesía,
como de los desiertos la paloma;
huye el verbo sagrado del idioma,
como el Verbo de Dios, de la herejía.

¡Ay, del pueblo vencido! En solo un día
muere el derecho secular de Roma;
el amor pierde su divino aroma
y su feliz virginidad María...

En Grecia mártir protestó una griega;
Hipatia el culto de su fe mantiene,
Hipatia gime por su lengua pura...

Mas ¡ay del pueblo que a su Dios entrega!
¡Ay del pueblo vencido, que no tiene
ni una mujer que cante su amargura!

CONTRASTES

A un servil.

Perseguida en el aire cristalino,
huye el ave del bosque a la espesura;
desciende al fondo de la mar oscura
el pez, que siente arriba el torbellino.

Hunde en la carne su aguijón más fino
la víbora pisada en la llanura
y, al golpe vertical de la herradura,
lanzan chispas las piedras del camino.

Todo en la noble Creación se arredra
ante el peligro, o se alza ante el verdugo...
¡para eso tiene dignidad la piedra!

¿Quién esta norma de la vida pierde?
¡Tan sólo el pueblo acostumbrado al yugo
besa las plantas que la sierpe muerde!

MINIATURAS

BANDERA

De la fantasía,
no es una quimera
la noble bandera
de la Patria mía.

El pueblo que ansía,
el pueblo que espera,
de un siglo cualquiera
se ufana y se guía.

Un pañuelo al cielo
se despliega y arde,
bandera esplendente...

¡Si enjuga el pañuelo
el llanto cobarde,
la sangre valiente!

ISLA

En un cataclismo
terrible y violento
una Isla su asiento
clavó en el abismo.

Y fue que Dios mismo
realizó el portento...
sin consentimiento
del Imperialismo.

Esto pasó un día
y lo han contemplado
muertos de la Luna...

Entonces no había
Cámara, Senado,
ni escuadra ninguna.

HIMNO [10]

El toque primero
suena en la campana,
de la escuela emana
coro vocinglero.

Un himno extranjero
vibra en la mañana:
sobre una ventana
párase un jilguero.

Quédase escuchando...
juzga desatinos
las notas más finas...

¡Y vuela cantando
una danza en trinos
con íes latinas!

HISPANICA

Roja y amarilla
la hispana bandera,
parece una hoguera
que cambia y que brilla.

¿Por qué maravilla,
si se hunde guerrera,
nace otra altanera
donde ella se humilla?

Sublime es su duelo
que deja en la historia
con nuevos pendones,

¡azules de cielo,
estrellas de gloria,
sangre de Naciones!

TEJAS

Antiguas consejas
dicen el trabajo
que cortó de un tajo
al pueblo de Tejas.

¡Con qué desparpajo
las costumbres viejas
promueven hoy quejas,
de Tejas abajo!

El caso es jocundo,
pero todo tiene
fuerza reversiva...

¡Hay más en el mundo!
¡hay tajo que viene
de tejas arriba!

SENDAS

¡Caminos desiertos,
humildes caminos,
que abrieron cansinos
los pies de los muertos!

Senderos inciertos
de los campesinos...
¡sendas de destinos
aún no descubiertos!

Bajan a los llanos,
desde los alcores,
por vuestras orillas...

¡Cómo unos lejanos
remotos rumores
de bravas guerrillas!

BANDERA DE FLORES

A la señora Winthrop.

Me enviáis, gran señora,
vuestra radiante enseña,
trece rígidas franjas,
cuarenta y siete estrellas.

Me decís noblemente
que por mía la tenga:
Señora, perdonadme,
la mía es más pequeña...

* * *

Os ví la última noche,
al terminar la fiesta,
erguida en el vestíbulo,
como una estatua griega.

121

Surgía vuestro cuello
sobre una primavera
y entre las flores vivas
había algunas muertas...

Dos rosas, una blanca,
otra encendida, puestas
en cruz, entre las ondas
de vuestro seno, abiertas...

Llevábais en los ojos
una alta luz sidérea.
Llevábais en el pecho
la insignia de mi tierra.

Dijísteis a mi paso:
«adiós, señor Poeta...»
Y os hice una profunda
sagrada reverencia...

* * *

¡Y os adoré en los ojos
el fulgor de mi estrella
y en el seno las rosas
de mi única bandera!

ANVERSO Y REVERSO

En el álbum de Blanca María Ma-
laret. Al anverso, la firma del general
invasor, que tomó la ciudad de San
Germán, en la guerra hispanoame-
ricana.

¡Quién sabe, Blanca María,
lo que hay detrás de esta página,
si epitafio de un sepulcro
o inscripción de una esperanza;
si el nacimiento de un pueblo,
o la muerte de una raza!...

Ya por campos y por mares
están depuestas las armas;
pero aquí, sobre esta hoja,
aun sostienen la batalla,
una bandera de estrellas
y otra bandera de llamas,

dos idiomas, dos altares,
la conciencia y la palabra;
dos continentes; dos mundos,
el que empieza, y el que acaba...

¡Ay de los que no podemos
en medio a esta lucha trágica,
ni vivir con nuestro espíritu
ni renacer con otra alma!

HOJAS Y FLORES

Tú serás, hija mía,
la Musa de la brava poesía
del ideal ibero americano;
Tú serás la Hipatía
del verbo castellano.
Yo conozco tu numen; todavía,
todavía es temprano;
pero en la cumbre de tu excelso arte
mi «última cuerda» vibrará en tu mano
con mi único estandarte,
y yo vendré de Dios para inspirarte
un canto sobrehumano...
¡mi última imprecación contra el Tirano
en su último baluarte!

A SOFIA CORDOVA

Yo he besado a una rosa que besó a una bandera cubana…

En la fiesta gloriosa
de jurar la bandera que el cielo de Cuba engalana,
una niña preciosa
puso en la bandera cuatro besos en cruz y una rosa.

Esto pasó en una escuela que tiene mi hermana,
mi hermana de ensueño, Sofía,
en un rinconcito de campo al salir de la Habana.

He recibido la rosa esta misma mañana.
Ella me la envía…

Y he besado a una rosa que besó a una bandera cubana.

A CONCHA VALDIVIA

¿Qué puedo ofrecerte, belleza o encanto,
que en tu hogar y en ti misma no lo hayas mejor?
Ya tienes la gracia, ya tienes el canto,
ya tienes la perla; ya tienes la flor.
¿Podría buscarte
el hálito santo,
el último soplo que fluye del Verbo Creador?

128

Míralo en la estrella de pasión y arte
sobre mi estandarte
de amor y dolor...
Póntela en la frente con mano ligera
¡un instante sólo, que es de mi bandera
de dolor y amor!

A UNA PATRIOTA

Gozoso iría al martirio
y a la muerte,
por que tus manos de lirio
tuvieran la dulce suerte
de agitar sonora y fuerte,
triunfante, fuerte y sonora
como el ala de un cóndor
¡la bandera redentora
de mi Patria y de mi amor!

A ANA MARIA CESTERO

Desde la noche en que fue por tu mano
nuestra bandera agitada gloriosa,
en el coro del «Himno Antillano»,
viene acercándose el lucero lejano
y trae un perfume, que parece una rosa...

129

A PEPITA COMPTE

Contestándole unos versos.

Tus rimas son brillantes y sonoras,
como el agua que viene de los cielos...
¡Cantas la dulce libertad que adoras
y de tu Patria lloras
la suerte impía y los injustos duelos!

¡Consuélate, mujer! La luz divina
no es para un pueblo solo. En lo profundo
del espacio y del tiempo, Dios camina
con el Verbo fecundo...
¡Tu frente a Dios y al porvenir inclina!
¡La fe en la libertad! ¡ella ilumina,
más que la misma libertad, al mundo!

A ISABEL MOTTA DE RAMERY, NIETA DE CELIS

¿Te acuerdas, Isabel? Es un consuelo
recordar hoy la edificante vida
y la alta gloria de tu insigne abuelo.

¡Oh, edad, edad querida
de santa lucha y de febril desvelo!
Pudo gemir la Patria adolorida;
pudo llorar... ¡pero lloró su duelo,
inmácula de sangre fratricida!

A RAQUEL CESTEROS

Si como tenemos mujeres hermosas,
tuviéramos hombres de almas valerosas,
                divina Raquel,
podría escribirte rimas victoriosas,
                no en este papel;
en una bandera tejida con rosas,
                teñida con rosas
¡con rosas de sangre de héroes en fresco laurel!

A UNA PATRIOTA AUSENTE

Pueden, sin verse, las palmas
amarse en el viento: igual
pueden, sin verse, las almas
amarse en el ideal.

A MANUELA QUIÑONES

Flores moradas me envías
con sus cuatro hojas en cruz...
¡Qué hermosas para los días,
para estos días sin luz,
en que por el aire zumba
la tormenta que nos hiere!
¡qué hermosas para la tumba
de la Patria que se muere!

A CARMEN PALES

De tu pueblo en los azares,
ora, Carmelita, ora
y escuche Nuestra Señora
esta voz en sus altares:
—Santa Virgen de los mares,
aquí muere una Isla bella;
revívela y alza en ella,
como bandera celeste...
¡un fragmento de tu veste
y una estrella!

A UNA CUBANA

¡Tu luz es la luz de un sueño,
oh dulce estrella lejana!
¡y un sollozo el canto isleño
de laud puertorriqueño
a la libertad cubana!

A HERMINIA G. DE DIAZ

En opuestas direcciones
nos lleva el destino, Herminia...
tú, en el sepulcro de Washington,
ruega a Dios por nuestra Isla,

que yo, como peregrino,
voy a otra tierra bendita,
¡a orar a Dios por mi Patria,
en la tumba de Bolívar!

A AMELIA AGOSTINI

Yo te he soñado, hermana,
en un corcel de guerra, como Juana...
     ¡y, escudero valiente,
me he sentido morir una mañana
por mi patria y por ti gloriosamente!

ULTIMA ANDANZA

No tengo, don Alonso, tu rígida armadura,
tu resistente escudo, tu poderosa lanza,
pero voy a buscarlos por la escondida altura,
en un secreto rumbo que ignore Sancho Panza.

Ofrézcote el prodigio de la última aventura;
yo quiero acompañarte en la postrera andanza
y quiero, Padre mío, que alientes mi esperanza
con el divino soplo de tu inmortal locura.

Seguir tus firmes pasos desde el Toboso quiero,
besar la tierra donde se irguió tu planta altiva,
una noche en la Venta armarme Caballero...

¡Alzar sobre las ondas del Caribe tu acero
y en la llorosa frente de mi patria cautiva
imponer, alcanzado en la noche por tu lanza, un lucero!

ULTIMA ACTIO

Colgadme al pecho, después que muera,
mi verde escudo en un relicario;
cubridme todo con el sudario,
con el sudario de tres colores de mi bandera.

Sentada y triste habrá una Quimera
sobre mi túmulo funerario...
Será un espíritu solitario
en larga espera, en larga espera, en larga espera...

Llegará un día tumultuario
y la Quimera, en el silenciario
sepulcro erguida, lanzará un grito...

¡Buscaré entonces entre mis huesos mi relicario!
¡Me alzaré entonces con la bandera de mi sudario
a desplegarla sobre los mundos desde las cumbres del
Infinito!

NOTAS

1. Contestando elevadamente a las estrofas *Pabellones,* que circularon en tarjetas postales y periódicos por muchos países de la América latina, el médico español doctor don Facundo Ramos, residente en Remedios, Isla de Cuba, compuso unas delicadas *Resonancias,* que transcribiría aquí, para solaz de los lectores, si no fuera que podría parecer que reclamo y difundo inmerecidas loas.

2-3. Puerto Rico recibió su escudo de los Reyes Católicos, por Real Cédula expedida en Burgos el 8 de noviembre de 1511 con estas palabras que transcriben en parte los versos de *Agnus Dei*:

... «e por la presente vos señalo e doy para q. la dha ysla tenga por armas un escudo verde (rendondo) y dentro del un cordero plateado encima de un libro colorado e atravesada una bandera con una cruz en su veleta como la trae la devysa de Sanct Joan e por orla castillos, leones e banderas e cruces de Jerusalem, e por devysa una F e una I con sus coronas e yugo e flechas e un letrero a la redonda de la manera siguiente: *Joannes est nomen ejvus,* las cuales dhas armas doy a la dha ysla de Sanct Joan por armas conoscidas ... »

La expresión simbólica del escudo es: F. I. (Fernando e Isabel); dos coronas (reyes); un yugo (bajo el yugo matrimonial);

un haz de flechas (conquistaron); divisa de San Juan (a San Juan). Cruces de Jerusalem (acaso el ensueño de Colón para el rescate del Santo Sepulcro): banderas, leones y castillos, en constancia de soberanía.

Por una corruptela o variación caprichosa, en los últimos tiempos el Cordero aparecía en pie o echado sobre una peña y así está el escudo en muchos grabados y relieves.

Por una ley, que aprobó deplorablemente la Asamblea Legislativa de Puerto Rico el 1.º de marzo de 1902, se dispuso la sustitución del antiguo escudo y la ley fue cumplida con un disparate heráldico y pictórico (véase el dibujo inserto arriba de la composición *Allá va la Nave*), en que el mar está solitario, mientras un barco navega, fuera del escudo, por las ondas celestes.

En la Sesión Legislativa de 1905, fue presentado en el Consejo Ejecutivo, por su presidente el buen americano, mi gran amigo, Regis H. Post, el Proyecto núm. 18, decretando el restablecimiento del primer escudo de armas de la Isla y con fecha 20 de febrero el Proyecto fue derrotado en dicha alta Cámara: el mismo día, en el Proyecto núm. 121, lo reproduje yo en la Cámara de Delegados, que le prestó su aprobación y, pasado al Consejo Ejecutivo, prestóle entonces esta Cámara su concurrencia, quedando el Proyecto convertido en ley, con la firma del gobernador, el 9 de marzo de 1905 y restaurado con su propio lenguaje el otorgamiento de la Real Cédula de 8 de noviembre de 1511.

¿Cómo el Consejo Ejecutivo invirtió su criterio y su voto en tan breve término? Pues sencillamente, por el azar de que dos miembros del Consejo fueron sustituidos y llegaron de Nueva York dos nuevos legisladores que, al revés de los salientes, dieron sus votos favorables a la ley restauradora del primitivo escudo. Esto, que fue una dicha, dará una idea de las desgracias que el país puede sufrir, en este régimen de legisladores exóticos, no elegidos por la voluntad del pueblo, sino designados por la arbitrariedad del Poder Ejecutivo, extraño también a la voluntad del país.

En aquel período estaba en Puerto Rico el gobernador Beckman Winthrop, que por su bondad, discreción y justicia dejó gratos recuerdos en la Isla, como su digna compañera la señora Winthrop, por su gentileza y hermosura y por su amor al pueblo puertorriqueño.

De ella era

«una mano de flor,
una mano de amor»,

que, generosa al ruego, contribuyó con la magia de su encanto al triunfo del blasón histórico.

4. Las tres primeras estrofas de esta composición *Bandera Antillana* constituyen la letra del «Himno de la Unión Antillana», en que el reputadísimo maestro Rafael Salcedo, de Santiago de Cuba, logró transfundir los himnos y las almas de los tres pueblos hermanos.

5. «Tengo el presentimiento de que al mundo
ha de asombrar esta pequeña isla.»

Estos versos de *Profecías* encierran literalmente la frase de Juan Jacobo Rousseau, refiriéndose a Córcega, al final del Capítulo X, Libro Primero, del *Contrato Social,* que apareció en 1762; y en 1796 nació Napoleón el Grande en Ajaccio. Coincidencia no observada hasta ahora, que insinúa un problema encantador en la filosofía de la historia.

6. *La Epopeya del Cóndor,* del poeta colombiano Aurelio Martínez Mutis, obtuvo un premio en el Certamen convocado

por la revista «Mundial», que dirigía Rubén Darío en la capital francesa.

En el magnificente poema, que simboliza y canta la lucha y el triunfo de los pueblos iberos contra los anglosajones de América, el Cóndor del Sur, en el pleno desarrollo de su potencia, busca al Aguila del Norte que le hirió y ultrajó implume en su nido, cuando

> … «en la penumbra
> indecisa y lejana del otero,
> súbitamente al águila columbra
> absorta en devorar tierno cordero».

Ni sabía Martínez Mutis que Puerto Rico está en su escudo de armas representado por el Cordero, mas en la clarividencia del vate sorprendió la visión de mi Patria dominada por la soberbia República imperialista.

La Epopeya del Cordero, que se inspiró en los transcritos versos, fue leída por el gran poeta José Santos Chocano, en la fastuosa Velada que en honor suyo verificóse a fines del año 1914 en el Teatro Municipal de San Juan de Puerto Rico.

7. Los sonetos *Ante la Historia,* fueron enaltecidos por la *Flor Natural,* en los Juegos Florales que, con inusitada pompa, celebró el Ateneo de Puerto Rico, en la primavera del año mil novecientos uno.

En el soneto IV, los versos

> «y la mísera grey, que se destierra,
> los recibió con palmas y cantares.»

aluden a la algarabía de algunos desgraciados turbulentos en la Ciudad de Ponce, al paso de las tropas invasoras; pero no a la actitud del pueblo, que demostró con su abstención y silencio, aun entregado como presa de conquista, la grandeza y severidad de su hidalgo espíritu.

Alude también el soneto IV al poblado y puerto de Guánica: efectivamente, por allí se realizó la penetración del ejército norteamericano victorioso, el 25 de julio de 1898 y, dos años no cumplidos, salieron de allí también, por una ironía del destino, las expediciones de miles de emigrantes puertorriqueños, que iban a buscar a Hawai, a Panamá y a Cuba,

«otra luz, otra patria, otros altares.»

8. El himno *¡Dios guarde al ideal!* fue casi una improvisación, nacida en instantes de lucha y entusiasmo por el amado ideal de la patria libre.

Tras un período de fervorosa propaganda en pro de la disolución de los partidos políticos puertorriqueños, para refundirse en una sola y fuerte colectividad de carácter exclusivamente patriótico, el Partido Federal, convocado por sus directores y representado por ciudadanos prominentes de toda la Isla, realizó su última Asamblea, en San Juan, durante los días 18 y 19 de febrero del año 1904.

Negóse altivamente al pensamiento el Partido Republicano; pero un valioso núcleo de escogidos patriotas, entre los que figuraban el jurisconsulto don Rosendo Matienzo y los doctores don Manuel Zeno Gandía y don Rafael del Valle, hombres de alto valer intelectual, concurrió al apostolado de la evangélica doctrina, desde que sonaron sus acentos de concordia, en medio de las ardorosas contiendas, que llenaban de odio y sangre una tierra, que fue tan hermosa y pura en el amor y en la paz.

En la semana precedente a la celebración de la Asamblea, verificáronse algunas conferencias entre prohombres del citado grupo y de la Junta Directiva del Partido Federal, llegándose, por fin, a un completo acuerdo y a la adopción de un programa esencial, en la noche del 17 de febrero.

Entre las bases de este Programa o Declaración de Principios, figuraba la V, que dice así, tal como fue luego aprobada en asamblea constituyente:

«DECLARAMOS, que entendemos factible que la Isla de Puerto Rico sea confederada a los Estados Unidos de la América del Norte, acordando que ella sea un Estado de la Unión americana, medio por el cual puede sernos reconocido el *self-government* que necesitamos y pedimos; y declaramos también que puede la Isla de Puerto Rico ser declarada Nación independiente bajo el protectorado de los Estados Unidos, medio por el cual también puede sernos reconocido el *self-government* que necesitamos y pedimos.»

El insigne patricio, luminoso poeta y viril periodista don Luis Muñoz Rivera, y su perseverante amigo el autor de estas líneas, quedamos aquella noche del 17 de febrero, comprometidos a sostener, en la inmediata Asamblea, la disolución del Partido Federal, como la fundación de una colectividad que, inscribiendo en su bandera las referidas bases y aceptando el *self-government* en cualquiera de sus formas, como principio sustancial de la personalidad política del país, congregase a todos los puertorriqueños, sin distinción de ideas, para la obra santa de socorrer a la Patria, en este supremo peligro en que se viera, débil y sorprendida, ante el vencedor prepotente y avisado, a la terminación de la guerra hispano-americana.

La Asamblea declaró disuelto el Partido Federal, en la memorable sesión del 18 de febrero, acordando todos sus miembros reunirse al siguiente día, para tratar del pensamiento que anunciara Muñoz Rivera, *leader* hasta entonces del Partido Federal disuelto.

Mis deberes en la Cámara de Delegados y ante el Tribunal Supremo de Puerto Rico, me impidieron asistir a la primera sesión que realizó la nueva Asamblea, en la mañana del 18 de febrero, y cuando llegué a los jardines del *Hotel Olimpo,* en que el acto se desarrollaba, supe que la base V, transcripta, había sido retirada por Matienzo, que era el primer firmante de la proposición, después de un discurso elocuentísimo de don Herminio

Díaz Navarro, siempre victorioso en la tribuna y decidido adversario del ideal de la nacionalidad puertorriqueña, temeroso Matienzo de que la proposición fuese enteramente derrotada.

Conmovido en lo más hondo de mi espíritu, reproduje inmediatamente la propuesta de la Base V, solicité y se me otorgó un turno para defenderla ¡y bendito sea Dios que la hizo triunfar, por una mayoría inmensa de valerosas voluntades, entre radiantes lágrimas y estruendosos vítores!

Debía triunfar, porque el incontrastable dilema establecido por la expresada Declaración V, no sólo responde a la natural tendencia del pueblo de Puerto Rico hacia su emancipación política, sino también a las tendencias emancipadoras del pueblo liberal de los Estados Unidos, accidentalmente olvidadas por el imperialismo hoy predominante.

A este propósito viene consignar la opinión del ex presidente Grover Cleveland, según la insertara *The Saturday Evening Post,* en febrero de este año:

«El mensaje de la democracia al pueblo americano, pide vigorosamente que *de acuerdo sincera y consistentemente con el espíritu y objeto de nuestra intervención en favor del «self-government» en Cuba, nuestros benéficos designios hacia ella se extiendan también a las tierras que como un accidente de tal intervención, han venido a estar bajo nuestra tutela».* Y al mismo propósito la Suprema Corte de los Estados Unidos, en el caso de *Dowes versus Cidwell,* ha dicho recientemente: «Cualquiera que sea la solución que se dé por el pueblo americano al *Status* de estas islas y sus habitantes, *ya se les introduzca en nuestra hermandad de Estados, o ya se les permita formar gobiernos independientes,* no se sigue el que mientras tanto, aguardando una decisión, el pueblo esté sin protección por lo previsto en la Constitución, y sujetos simplemente al arbitrario poder del Congreso. Aun considerados como extranjeros, tienen ellos derechos bajo los preceptos de la constitución a ser protegidos en sus vidas y haciendas.» ¿Cómo, pues, no había de proclamarse en Puerto Rico con respecto a los Estados Unidos, lo que con respecto a Puerto Rico los Estados Unidos proclaman, por boca de sus ilustres presidentes y por representación del organismo más encumbrado y respetable de la República?

El dilema está planteado y, entre sus términos, cada cual puede elegir el que le guste. Yo siento y entiendo, cual expondré quizás en una obra dedicada a este objeto, que la solución más patriótica, sensata y conveniente para ambos pueblos es nuestra independencia nacional; y qué razones étnicas, circunstancias geográficas, diversidad de historia, lenguaje, leyes y costumbres, Dios y la Naturaleza, en una palabra, imponen la creación de la pequeña República del trópico, al amparo de la gran República del Norte.

La Unión de Puerto Rico se alzó poderosa desde su cuna; reforzáronla a poco innumerables adeptos; continúa esta magnánima reconcentración espiritual y no parece lejano el logro pacífico del sublime empeño. Pero, si se perdiera, como un rayo de luz en el vacío infinito, si se desvaneciera en el espacio de las bellezas imposibles, siempre flotaría, sobre las míseras realidades, con el eco de una imperecedera gloria, la voz inextinguible de aquella Asamblea dignificadora y rehabilitadora del alma puertorriqueña.

El himno (hay que volver a cosa tan humilde) surgió *in mente,* al rumor de la Asamblea, y lo he guardado seis meses en la memoria, hasta el momento en que sale para la imprenta. No he querido pulir un solo verso, aunque tiene algunos de marcada aspereza, en honor del acto y del día y de la lucha, que presidieron a su nacimiento.

Vienen los anteriores párrafos de la Nota que apareció en la primera edición de *Pomarrosas,* donde figuraba el Himno: y sólo debo rectificar el concepto que disputa a Díaz Navarro como adversario de la nacionalidad puertorriqueña, pues noblemente convencido de su momentáneo error ha sido después uno de los más valiosos defensores de la causa nacionalista.

El ideal ha penetrado más hondamente en el alma del pueblo puertorriqueño: la «Unión de Puerto Rico», en 1913, adoptó su nuevo Programa, con la única solución de la Independencia del país, y en los Estados Unidos resonaron declaraciones de tanto alcance como las del presidente Wilson, que en otro lugar de este libro reproduce el *Himno a América.*

9.   Este himno fue laureado con el primer premio del Tema II, *Canto a América* en los Juegos Florales Antillanos, convocados por el Club Unión y celebrados con gran pompa en la ciudad de Santo Domingo de Guzmán, República Dominicana, el 27 de febrero de 1916. Así realizó este concurso espléndido el primer acto internacional de la «Unión Antillana».

10.   En las escuelas públicas de Puerto Rico, donde por imperial rescripto de los Comisionados de Instrucción norteamericanos se practica la enseñanza en inglés a los niños de habla castellana, se les impone también a los niños inaugurar cada mañana sus clases cantando el *Star Spangled Banner* u otro himno nacional de los Estados Unidos, que ni en letra ni en espíritu entienden los muchachos.

147

INDICE

152

Este libro acabóse de imprimir en
los talleres de Manuel Pareja, el
día 1 de agosto de 1966 y se ha
realizado bajo la dirección de la
Editorial Cordillera
San Juan, Puerto Rico

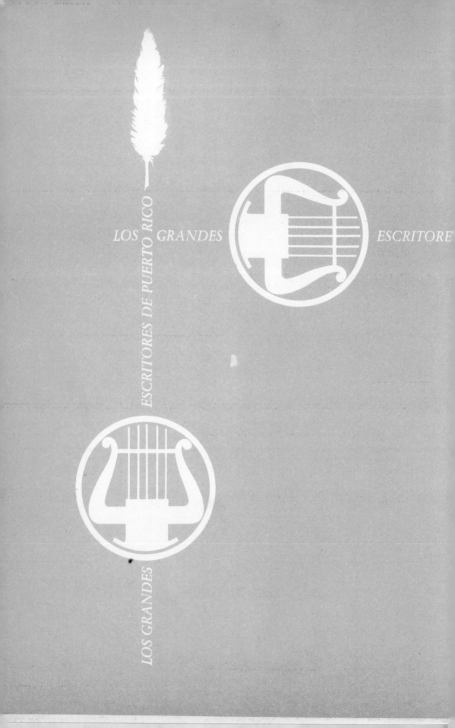